八五普法·生活中的法律常识系列

犯罪与刑罚

法律常识小全书

案例自测实用版

全民普法图书中心◎著

中国法制出版社
CHINA LEGAL PUBLISHING HOUSE

出版说明

2020年12月，中共中央印发了《法治社会建设实施纲要（2020—2025年）》，由此，我国的普法工作迈进了第八个普法阶段。回首过去，我国的普法工作取得了很高的成就，有序的社会秩序、坚定的法治信仰在社会生活中落根繁衍，人们的法律意识日益增强，大家学习法律的热情也愈加高涨。特别是，随着《中华人民共和国民法典》《中华人民共和国刑法修正案（十一）》等重要法律法规的出台，许多与我们的生活密切相关的法律条文发生了变化。了解法律，学习法律，运用法律，势在必行。

在此，为了帮助大家学习法律知识，我们特别推出了一套《生活中的法律常识系列》。下面，我们一起来看看本套书的主要特色。

第一，内容广泛，分类科学。本套书的分册涉及物权、合同、抵押、婚姻继承、劳动、劳动合同、犯罪、道路交通、医疗、日常维权等多个领域，能充分满足大众学习法律知识的需求。并且，每个分册涉及法律知识门类专一，可以有效满足群众针对性学习法律知识的需要。

第二，以案说法，通俗易懂。众所周知，法律条文本身存在一定的晦涩难懂性，特别是对于一些法律术语，很多人不知其中含义，由此给大家的自学法律之路造成了一定的障碍。而对于法律普及工作而言，让读者看得进、想得通、搞得懂，是我们工作的价值所在。因此，本套书采用了以案说法、情景带入式的普法方式，让人们在案例故事及后续分析中感受法律的内涵，汲取法律的智慧。

第三，贴近实际，学以致用。法律是调控社会的工具之一。作为大众读者，我们学习法律的目的不外乎懂法、知权、维权、预防和解决纠纷等。那么，我们学习法律知识，阅读法律书籍就不能走马观花，一带而过，而是要进行深入的思考和领会。为此，我们在每一个案例分析后面，对应加入了“自测小题”板块，从而可以更好地让大家检验和巩固学习效果，达到学以致用的目的。

当然，本套书的更多内容和特色还需要大家品味之后才能一一领会。在此，我们也诚邀各位读者多提出批评与建议。

党的十九大把法治社会基本建成确立为到2035年基本实现社会主义现代化的重要目标之一。普法工作意义重大、任重道远。希望你我都能在普法大潮中乘风破浪，勇往直前。衷心希望本套书能成为各位学习法律的得力助手。

前　言

随着我国依法治国脚步的不断深入，百姓的法律观念不断增强，知法、守法、依法维权等意识有了很大的提高。但是，在整个社会范围内，违法犯罪行为还是时有发生。违法犯罪的原因很多，有的是想不劳而获，通过抢劫、抢夺等掠取他人钱财；有的是利欲熏心，贪欲膨胀无法自拔；有的是控制力差导致激情犯罪；等等。在众多的犯罪起因里，最让人无奈的是“因不知道是犯罪而犯罪”。有这样一个故事，一位轻生的女子，站在桥边准备跳桥，但是自己下不了决心。此时，刚好有一个青年经过，他了解到女子的“难处”后，准备助其一臂之力，随即将女子推下了桥。结果可想而知，青年因此获罪。这让人看起来是一个又悲凉又无奈又让人苦笑的故事。但是，现实生活中类似的情景却真实存在。

犯罪行为在社会中并不少见。可喜的是，近些年，我国的犯罪率已经呈现出持续降低的趋势，特别是严重暴力犯罪已大大减少。营造更加安全有序的社会环境，需要我们每个人的努力。犯罪与刑罚，看似离大家都很遥远的法律知识，其实跟每一个人都息息相关。我们要做好自己、保护好自己，必须要了解相关的刑法知识。在此，我们特别编写了《犯罪与刑罚法律常识小全书：案例自测实用版》一书，希望能给大家带来帮助。下面，我们一起来简单了解一下本书的特色。

第一，实用性、专业性、通俗性兼顾。本书参照刑法的划分体系，选取了贴近社会生活的法律知识点进行介绍。每个知识点都对应一个典型案例，其中不乏当前热门刑事案件的缩影。在案例之下，是专业的律师分析。在分析的过程中，我们尽量使用通俗易懂的语言，深入浅出，娓娓道来，相信读者一定能看得懂、吃得透。

第二，紧跟时代，答疑解惑与学以致用兼具。社会是不断变化发展的，法律亦同。在社会发展之下，出现了很多新的犯罪模式，一些让人意想不到的犯罪行为开始出现在公众视野。那么，很多问题应运而生，特别是“某某行为是不是犯罪”常常是百姓最关心的问题所在。在本书中，我们不仅回答了罪与非罪的问题，还特别编写了“温馨提示”和“自测小题”版块，在答疑解惑、普及法律的同时，能够深入人心、学以致用。

诚然，由于时间和编写水平的限制，书中难免有不妥之处，敬请批评指正！最后，希望在法律普及的道路上，你我携手同行；在预防和打击犯罪的道路上，勇往直前！

本书编委会

目 录

第一章 认识犯罪

意外事件造成他人死亡要坐牢吗？

案例实录

周末，小张一家人打算去某乡间度假。去乡间的路上，途经一条河流。轿车行至离河边几十米的斜坡上时，刹车突然失灵。小张踩了多次刹车无效后立即拉了手刹，但还是没能把车停住，汽车俯冲落入河中，小张的妻子被淹死，小张和女儿被打捞得救。经技术鉴定，轿车的总泵皮碗破裂致使刹车失灵，系机械故障。小张意外造成了妻子死亡的事实，需要承担刑事责任吗？

律师分析

本案中，小张是不需要承担刑事责任的。《刑法》第十六条规定：“行为在客观上虽然造成了损害结果，但是不是出于故意或者过失，而是由于不能抗拒或者不能预见的原因所引起的，不是犯罪。”法律上的意外事件是指行为人的行为在客观上虽然造成了损害结果，但是不是出于行为人的主观故意或者过失，而是不能抗拒或者不能预见的原因所引起的。对于这类意外事件，由于行为人主观上没有致他人伤害的意图，因此，并不属于犯罪行为，法律也不会强求行为人对意外事件承担刑事责任。本案就是典型的意外事件，小张无法提前预料到汽车刹车失灵，事先也无法预防，因此，虽然造成了妻子死亡的后果，但是小张的行为不属于犯罪，他不应当因此承担刑事责任。

法条链接

《中华人民共和国刑法》

第十六条　行为在客观上虽然造成了损害结果，但是不是出于故意或者过失，而是由于不能抗拒或者不能预见的原因所引起的，不是犯罪。

温馨提示

意外事件和疏忽大意的过失有相似之处，两者都是因为行为人没有预见结果的发生。但是，两者有本质的区别，意外事件的行为人对损害发生的结果根本不可能预见，疏忽大意的过失责任行为人则有可能预见损害结果，只是因为疏忽大意而没有预见。因此，在法律上，这两者的后果截然不同。

自测小题

选择：以下哪些行为属于意外事件？(　)①

A. 小李开车闯红灯撞死了两个人

B. 小张绑架了邻居家的小孩

C. 小周开车时从天而降一个人，砸在车上去世了

D. 小吴抢劫商店

喝醉了打伤人，需要承担刑事责任吗？

案例实录

大学毕业后，小李工作不是很如意。毕业 5 年后，他参加同学聚会，发现大学不如自己的很多同学的事业都已经风生水起，再想想一

① 解答：C。

事无成的自己，心里很是愤懑，就一直借酒消愁。没想到，小李越喝越多，很快就醉了，恍惚间，小李听见旁边的同学小张在嘲笑自己没出息。酒壮怂人胆，小李拿起酒瓶就砸向小张的头部，小张立马倒地。后经鉴定，小张的伤情构成了轻伤。公安机关以故意伤害罪逮捕了小李。那么，喝醉了打伤人，需要承担刑事责任吗？

律师分析

本案中，小李因为郁闷喝醉后，不能很好地控制自己的情绪，打伤了小张。在情理上，小李的行为似乎值得同情和理解，但是，根据《刑法》第十八条第四款的规定，醉酒不能成为行为人逃避罪责的理由。小李用瓶子砸小张，小张已经受了轻伤，小李的行为已经达到故意伤害罪的量刑标准，小李应当承担刑事责任。

法条链接

《中华人民共和国刑法》

第十八条第四款　醉酒的人犯罪，应当负刑事责任。

温馨提示

喝酒之后，我们可能会变得不理性，作出冲动的行为，清醒之后，我们还要为这些后果买单。喝酒既误事，也伤身。因此，我们要少喝酒，酒后不要惹事、闹事，否则可能会因此受到法律的惩治。

自测小题

判断：周某酒后开车，发生交通事故，造成一死两伤，应当承担刑事责任。(　)①

---

① 解答：正确。

精神病人犯罪的，怎样处理？

案例实录

25 岁的小周被确诊为间歇性精神病。父母为了能够随时照料小周的生活，就和小周住在一起。某天，小周突然精神病发作，径直走向天台，想要结束自己的生命。小周的妈妈看到了，急忙拦下小周，不让小周过去。失去理智的小周推搡着妈妈，想让妈妈让开。没想到，在慌乱之中，小周的妈妈被他推倒在楼梯上，头正好撞到了楼梯，不治身亡。经鉴定，小周推搡他妈妈时精神病正在发作，那么，小周应当承担刑事责任吗？

律师分析

本案中，小周伤害他妈妈时，精神病正在发作，不能正常辨别自己行为可能带来的后果，也不能控制自己的行为。根据《刑法》第十八条的规定，精神病人在不能辨认或者不能控制自己行为的时候造成危害结果，经法定程序鉴定确认的，不负刑事责任。也就是说，对于小周妈妈的死，小周不需要承担刑事责任。但是，小周的精神病极具危险性，可能会危及他人的安全，依据该法规定，应当由家人严加看管，必要的时候，政府应当对小周进行强制医疗，避免小周再次伤害他人。

法条链接

《中华人民共和国刑法》

第十八条　精神病人在不能辨认或者不能控制自己行为的时候造成危害结果，经法定程序鉴定确认的，不负刑事责任，但是应当责令他的家属或者监护人严加看管和医疗；在必要的时候，由政府强制医疗。

间歇性的精神病人在精神正常的时候犯罪，应当负刑事责任。

尚未完全丧失辨认或者控制自己行为能力的精神病人犯罪的，应当负刑事责任，但是可以从轻或者减轻处罚。

醉酒的人犯罪，应当负刑事责任。

温馨提示

对于精神病人，我们应当同情，而不是歧视或带有偏见。但是，对于确有危险性的精神病人，我们应当为其提供适宜治疗的场所，避免精神病人的行为对其他人造成伤害。

自测小题

填空：精神病人发作时伤人的，必要时，政府可以进行______①

没有偷到东西，需要承担刑事责任吗?

案例实录

小张是个盗窃惯犯。某天，小张在公交车上偷某乘客的手机时，被背着书包的高中生小杨看到了，小杨立刻大喊："小偷，抓小偷!"小张看自己偷东西被发现了，刚好公交车也到站了，就马上跑下公交车，逃脱了。两天后，警察通过监控找到了小张，认为小张两天前的行为构成了盗窃罪，以盗窃罪拘捕了小张。小张很疑惑，自己没有偷到东西，还需要承担刑事责任吗?

律师分析

本案中，小张构成盗窃罪的未遂犯，需要承担刑事责任。犯罪未

① 解答：强制医疗。

遂，是指犯罪嫌疑人已经开始实施犯罪，只是因为意志以外的原因没有得逞。根据《刑法》第二十三条的规定，对于未遂犯，可以比照既遂犯从轻或者减轻处罚。具体到本案中，小张盗窃时被别人发现，导致犯罪没有得逞，属于犯罪未遂，需要承担刑事责任。

法条链接

《中华人民共和国刑法》

第二十三条　已经着手实行犯罪，由于犯罪分子意志以外的原因而未得逞的，是犯罪未遂。

对于未遂犯，可以比照既遂犯从轻或者减轻处罚。

温馨提示

犯罪者切不可抱有侥幸心理。即使犯罪没有得逞，犯罪分子也要承担犯罪未遂的刑事责任，受到应有的惩罚。作为公民，我们必须遵纪守法。

自测小题

判断：小明强奸小江时，被人发现制止了，没有得逞，小明无需承担刑事责任。(　)[1]

为了杀人买了匕首，但是最终没有去杀人，构成犯罪吗？

案例实录

李某与向某是一对相恋了两年的恋人。一天，李某以两人性格不合、三观不一致为由提出了分手，向某再三挽留、请求不要分手，李

① 解答：错误。

某仍无动于衷。于是向某恼羞成怒，与李某分开后就去杂货店买了一把匕首准备第二天下班去杀害李某。但第二天向某后悔了，觉得自己昨天太冲动了，于是放弃了杀人的念头。请问向某为了杀人买了匕首，但是最终没有去杀人，也构成犯罪吗？

律师分析

向某为了杀害李某而购买匕首，符合《刑法》第二十二条关于“犯罪预备”的规定，属于为了犯罪而准备工具的情形。一般来说，犯罪预备也构成犯罪，需要对其追究刑事责任：一方面，犯罪预备是为了实施犯罪，说明行为人主观上具有犯罪的故意；另一方面，行为人已经进行与犯罪相关的准备活动，包括准备实施犯罪所必需的作案工具、其他物品和创造顺利实现犯罪目的的条件，如购买杀人工具，准备绑架用的绳子和胶带，事先对犯罪现场进行踩点，练习犯罪手段和技巧，探听被害人的行踪，制订犯罪计划和寻找犯罪同伙，等等。本案中，向某为了杀害前女友李某而购买了匕首，但在第二天因为后悔而最终没有去杀人，犯罪行为停留在预备阶段，成立犯罪预备。所以，为了杀人买了匕首，但是最终没有去杀人，也构成犯罪。只是，根据法律规定，向某属于犯罪预备阶段的犯罪中止，没有造成损害，应当免除处罚。

法条链接

《中华人民共和国刑法》

第二十二条　为了犯罪，准备工具、制造条件的，是犯罪预备。

对于预备犯，可以比照既遂犯从轻、减轻处罚或者免除处罚。

第二十四条　在犯罪过程中，自动放弃犯罪或者自动有效地防止犯罪结果发生的，是犯罪中止。

对于中止犯，没有造成损害的，应当免除处罚；造成损害的，应当减轻处罚。

温馨提示

犯罪预备是犯罪的一种形态，也是具有危害社会的潜在风险。之所以要对犯罪预备的行为追究刑事责任，很大一部分原因在于刑法如果不加以阻止犯罪预备的行为，那么犯罪预备的行为很有可能自然发展成实施犯罪的行为。换句话说，犯罪预备构成犯罪，也是刑法重视预防犯罪的体现。

自测小题

选择：下列说法正确的是（　）①

A. 甲为了盗窃事先进行踩点的行为构成犯罪

B. 乙为了抢劫而探听周某行踪的行为构成犯罪

C. 丙为了报复仇人购买毒药的行为构成犯罪

D. 丁为了扒窃反复练习手指灵活度的行为构成犯罪

欲强奸女性时，发现对方竟然是男性，构成犯罪吗？

案例实录

深夜，赵某跟朋友喝酒聚会，直到凌晨3点喝得醉醺醺才离开回家。回家途中经过一条偏僻的小路时，因其一袭长发、身材修长，被小路旁树丛中突然冲出的吴某（身体健壮，足以用武力压制醉醺醺的赵某）拖入丛林中意欲强奸。吴某暴力脱光赵某衣服准备强奸时发现赵某竟然是男性，遂愤然离去。赵某遭遇惊吓后酒醒了大半，反应过来后穿好衣服立马到派出所报案。那么，欲强奸女性时，发现对方竟然是男性，构成犯罪吗？

---

① 解答：ABCD。

律师分析

《刑法》中强奸罪保护的是女性（包括幼女）的性自主决定权，也就是说强奸罪保护的对象是女性而不是男性，这是不是意味着吴某暴力脱光赵某衣服意欲强奸的行为不构成强奸罪呢？答案是否定的。犯罪形态中包括犯罪未遂，即行为人已经着手实施了犯罪行为，但因为行为人意志以外的因素导致犯罪未能完成。犯罪未遂也是构成犯罪的，只是因为没有出现行为人所追求的危害结果，在处罚上可以比照既遂犯从轻或者减轻处罚。本案中，吴某暴力脱光赵某衣服的事实表明吴某已经着手实施强奸行为，但因为吴某误将男性赵某认成女性准备实施强奸，属于对象不能犯的未遂，不可能完成犯罪，构成强奸罪的未遂。所以，欲强奸女性时，发现对方竟然是男性，仍然构成犯罪。

法条链接

《中华人民共和国刑法》

第二十三条　已经着手实行犯罪，由于犯罪分子意志以外的原因而未得逞的，是犯罪未遂。

对于未遂犯，可以比照既遂犯从轻或者减轻处罚。

第二百三十六条　以暴力、胁迫或者其他手段强奸妇女的，处三年以上十年以下有期徒刑。

奸淫不满十四周岁的幼女的，以强奸论，从重处罚。

强奸妇女、奸淫幼女，有下列情形之一的，处十年以上有期徒刑、无期徒刑或者死刑：

（一）强奸妇女、奸淫幼女情节恶劣的；

（二）强奸妇女、奸淫幼女多人的；

（三）在公共场所当众强奸妇女、奸淫幼女的；

（四）二人以上轮奸的；

（五）奸淫不满十周岁的幼女或者造成幼女伤害的；

（六）致使被害人重伤、死亡或者造成其他严重后果的。

温馨提示

犯罪未遂是发生在行为人着手实施犯罪后的阶段（此时犯罪预备已经结束），因为出现了行为人意志以外的情况，从而导致犯罪未能完成。这说明犯罪未完成的结果并不是行为人所希望的，甚至是违背行为人意愿的，所以对于未遂犯，可以比照既遂犯从轻或者减轻处罚。

自测小题

选择：下列情形中，构成犯罪的是（　）①

A. 甲以出卖为目的买到一个婴儿后，尚未出手便被警方抓获

B. 乙入室盗窃，因为事先准备的开锁工具未能撬开门锁便愤然离去

C. 丙乘某女不备，将其扑倒，意欲强奸，却被听到呼救声前来的保安制止

D. 丁买了毒药放在水里准备杀害一个邻居，后该邻居因不小心打翻水杯而未喝水

抢劫时发现被抢的人实在可怜而放弃抢劫的，构成犯罪吗？

案例实录

王某因为最近手头比较紧，便想到银行自助取款机附近伺机抢劫

① 解答：ABCD。

钱财。一天上午，王某看到郭某（63 岁，身形瘦弱，面色憔悴）从银行自助取款机上取钱出来，便尾随郭某至其住处。王某在屋外观察了一阵后，发现郭某独自一人居住，便对郭某实施抢劫。郭某一边反抗一边呼喊："求求你不要拿走，我有癌症，那是我的救命钱啊！"于是王某觉得郭某太可怜了，便放弃抢劫，迅速离开郭某的住处。请问，抢劫时发现被抢的人实在可怜而放弃抢劫的，构成犯罪吗？

律师分析

王某抢劫过程中因为可怜郭某而放弃抢劫，属于自动放弃犯罪，成立犯罪中止。犯罪中止是一种犯罪未完成形态，从刑法对于犯罪中止的处罚原则就可以看出：没有造成损害的，应当免除处罚；造成损害的，应当减轻处罚。想要成立犯罪中止，需要同时满足以下三个条件：(1) 时间条件，犯罪中止只能发生在犯罪过程中（包括犯罪预备阶段和犯罪实行阶段）；(2) 主观条件，犯罪中止必须是行为人"自动"放弃犯罪或者"自动"有效地防止犯罪结果发生；(3) 客观条件，没有出现犯罪结果，就是犯罪没有完成，没有出现行为人犯罪所追求的危害结果。本案中，王某在抢劫的过程中因为发现被抢的人郭某实在太可怜而主动放弃抢劫，符合犯罪中止的条件，应被认定为犯罪中止。所以，抢劫时发现被抢的人实在可怜而放弃抢劫的，也是构成犯罪的。

法条链接

《中华人民共和国刑法》

第二十四条　在犯罪过程中，自动放弃犯罪或者自动有效地防止犯罪结果发生的，是犯罪中止。

对于中止犯，没有造成损害的，应当免除处罚；造成损害的，应当减轻处罚。

温馨提示

犯罪未遂和犯罪中止都属于犯罪的未完成形态，有一句名言——“能达目的而不欲为中止，欲达目的而不能为未遂”向我们讲述了如何区分二者。具体而言，二者的区分主要在于犯罪未完成的原因：在犯罪过程中，如果出现了足以让一般人停止犯罪的情况，而行为人也停止犯罪的，成立犯罪未遂；反之，如果出现了不足以让一般人停止犯罪的情况，而行为人却停止犯罪的，则成立犯罪中止。

自测小题

选择：下列情形中，属于犯罪中止的是（　）①

A. 小张在公交车上扒窃了一个钱包，里面有几张银行卡和1000元现金

B. 小王因与某女发生纠纷而开车撞向某女，但在离某女还有几米的距离时踩了刹车停了下来

C. 小李因争执持刀砍向某人，想要杀死他，但被路过的行人及时制止

D. 小赵为了绑架某富翁购买绳索、胶布和匕首

共同犯罪中，犯罪分子头目是否责任要重一些?

案例实录

何某拉拢、纠集几名刑满释放人员和社会闲散人员组成以各种威胁手段强行索取债务的恶势力犯罪集团。成立后的3年期间，该恶势力犯罪集团在何某的策划、指挥、领导下，以暴力、“软暴力”等威

① 解答：B。

胁手段先后实施了三起聚众斗殴、五起寻衅滋事、一起敲诈勒索、一起强迫交易的犯罪活动。由于该犯罪集团在当地为非作歹，欺压百姓，扰乱了经济、社会秩序，造成了较为恶劣的社会影响，被当地警方开展的一次专项行动予以扫除。那么，共同犯罪中，犯罪分子头目何某是否责任要重一些？

律师分析

在共同犯罪中，有主犯和从犯的区分，二者所对应的刑事责任也有所不同。具体而言，主犯是在共同犯罪中起主要作用的人，包括：(1) 首要分子，即在犯罪集团或者聚众性犯罪中起组织、策划、指挥、领导作用的犯罪分子；(2) 其他起主要作用的犯罪分子。需要注意的是，主犯不一定是首要分子，首要分子也不一定是主犯，因为某些聚众性犯罪只处罚首要分子，如果首要分子只有一个人，就不成立共同犯罪，也不用区分主犯、从犯。所以在具体个案中，需要结合案件的情况进行认定。本案中，何某作为恶势力犯罪集团的组织者、领导者，毫无疑问是犯罪集团的首要分子，在这十起犯罪活动中起着主要作用、决定作用，应当按照犯罪集团所犯的全部罪行进行处罚。因此，共同犯罪中，犯罪分子头目的责任一般情况下要重一些。

法条链接

《中华人民共和国刑法》

第二十五条第一款　共同犯罪是指二人以上共同故意犯罪。

第二十六条　组织、领导犯罪集团进行犯罪活动的或者在共同犯罪中起主要作用的，是主犯。

三人以上为共同实施犯罪而组成的较为固定的犯罪组织，是犯罪集团。

对组织、领导犯罪集团的首要分子，按照集团所犯的全部罪行处罚。

对于第三款规定以外的主犯，应当按照其所参与的或者组织、指挥的全部犯罪处罚。

温馨提示

通常情况下，犯罪分子头目都是在共同犯罪中起主要作用的人，比如恐怖活动组织、黑社会性质组织的老大、主要成员等。这类人物经常组织、策划、指挥、领导具体的犯罪活动，对犯罪的顺利进展发挥着至关重要的作用，一般应当被认定为共同犯罪中的主犯。但是如果犯罪活动的参与者在犯罪过程中实施了明显超出犯罪分子头目犯罪意图的行为，犯罪分子头目是不应该承担这部分犯罪行为所对应的责任的。

自测小题

选择：下列说法正确的是（　）①

A. 甲是组织某犯罪集团进行诈骗活动的人，在共同犯罪中是主犯

B. 乙是指挥某犯罪集团进行寻衅滋事、扰乱公共秩序的人，在共同犯罪中是主犯

C. 丙、丁共同盗窃，其中丙是在共同盗窃中起次要作用的人，应当认定为主犯

D. 戊是某聚众性犯罪的首要分子，那么他一定是主犯

---

① 解答：AB。

第二章
了解刑罚及其运用

剥夺政治权利中的“权利”包含哪些?

案例实录

谭某因故意伤害罪被判处有期徒刑5年，剥夺政治权利5年。谭某出狱后，一次，谭某所在地的居委会选举人大代表，谭某的家人认为谭某已经出狱，他应该享有选举权，准备为谭某领取选票。可是，负责选举工作的人员告诉谭某的家人，谭某已经被剥夺政治权利，就不再享有选举权。对此，谭某的家人非常不解，觉得既然谭某已经出狱，其应该享有选举权。那么，在剥夺政治权利的刑罚中，剥夺的是哪些权利?

律师分析

剥夺政治权利是一种资格刑，此种刑罚既可以独立适用，也可以附加适用。在上面的案例中，谭某因故意伤害罪被判处有期徒刑，并被剥夺政治权利。而他被剥夺的政治权利，根据《刑法》第五十四条的规定，主要包括下列政治权利:（1）选举权和被选举权;（2）言论、出版、集会、结社、游行、示威自由的权利;（3）担任国家机关职务的权利;（4）担任国有公司、企业、事业单位和人民团体领导职务的权利。本案中，谭某被剥夺政治权利5年，虽然其有期徒刑已经服完，但是，剥夺政治权利的起算点应当是在执行完有期徒刑之后，因此，他在出狱后5年内不能行使上述政治权利。

法条链接

《中华人民共和国刑法》

第五十四条　剥夺政治权利是剥夺下列权利：

（一）选举权和被选举权；

（二）言论、出版、集会、结社、游行、示威自由的权利；

（三）担任国家机关职务的权利；

（四）担任国有公司、企业、事业单位和人民团体领导职务的权利。

温馨提示

剥夺政治权利是以剥夺犯罪人的资格为内容的。需要注意的是，剥夺政治权利适用的情形不同，期限的起算点也是不同的。在剥夺政治权利与有期徒刑等主刑同时适用时，剥夺政治权利应当从有期徒刑执行完毕之日起计算。

自测小题

选择：被剥夺政治权利的人不能行使下列哪些权利？（　）[①]

A. 担任某国有公司经理

B. 担任某学校的校长

C. 担任某政府部门的处长进行选民登记，参与选举

D. 出版图书

---

① 解答：ABCD。

犯罪嫌疑人实施犯罪行为被捕后，还能成立自首吗？

案例实录

杜某为了获取钱财绑架了当地某富商的儿子，后来，杜某将人质杀害后逃跑。在杜某逃跑的过程中，杜某的家人多次劝他到公安机关自首，但是，杜某一直都不予理会。后来，杜某被公安机关发现后予以逮捕。在被逮捕之后，杜某非常后悔没有听取家人的意见去自首。此时，杜某觉得自己已经被公安机关逮捕，便失去了自首的机会。后来，公安机关对杜某进行讯问，告诉他应当如实告知自己所犯的罪行，如果提供有用的线索，还可能成立自首。那么，请问被采取强制措施的犯罪嫌疑人是否还能成立自首？

律师分析

根据《刑法》第六十七条的规定，自首包括下列情形：（1）主动投案。即在犯罪后自动投案，并且如实供述自己的罪行。（2）特别自首。即正在被采取强制措施的犯罪嫌疑人、被告人和正在服刑的罪犯，如实供述司法机关还未掌握的本人其他罪行的，视为自首。在上述案例中，杜某在犯罪后被公安机关逮捕，如果在逮捕后，其提供了自己除绑架罪之外的其他罪行的信息，此时，杜某也会被视为自首。因此，即使没有主动投案，在被采取强制措施或者服刑期间主动供述公安机关没有发现的自身的其他犯罪行为，也能成立自首。

法条链接

《中华人民共和国刑法》

第六十七条　犯罪以后自动投案，如实供述自己的罪行的，是自首。对于自首的犯罪分子，可以从轻或者减轻处罚。其中，犯罪较轻的，可以免除处罚。

被采取强制措施的犯罪嫌疑人、被告人和正在服刑的罪犯，如实供述司法机关还未掌握的本人其他罪行的，以自首论。

犯罪嫌疑人虽不具有前两款规定的自首情节，但是如实供述自己罪行的，可以从轻处罚；因其如实供述自己罪行，避免特别严重后果发生的，可以减轻处罚。

温馨提示

自首不仅包括行为人主动投案，即使在被公安机关采取强制措施后，如果行为人符合法定条件也是可以视为自首的。此外，需要注意的是，成立自首，不仅需要行为人主动投案，还需要其如实供述自己的罪行，缺少任何一个条件，都不能构成自首。

自测小题

选择：下列哪些行为构成自首？(　)①

A. 张某盗窃他人财物后主动投案，没有如实供述自己的罪行

B. 吴某骗取他人钱财后主动投案，并如实供述了自己的罪行

C. 杜某贩卖毒品被拘留后，供述了自己盗窃他人财物的罪行

D. 胡某因抢劫罪被判处无期徒刑，正在服刑时向公安机关供述了自己过失杀人的罪行

① 解答：BCD。

实施犯罪行为后自首，能因此减轻处罚吗?

案例实录

20 岁的乔某从乡下来到大城市打工，由于没有工作经验也没有一技之长，很久都没有找到合适的工作。后来在老乡的介绍下，她来到一家公司，主要工作是向老年人售卖虚拟权益以骗取钱财。实施了几次诈骗行为后，乔某获得“分红”2 万多元。一段时间后，乔某及时醒悟，认识到自己的行为是违法的，她主动向公安机关投案自首，并上缴了违法所得。那么，由于乔某有自首行为，法院在判决时，会对其减轻处罚吗?

律师分析

我国刑法规定，犯罪以后主动投案如实供述自己的罪行的，是自首。自首有利于司法机关发现和打击犯罪，快速了解案件经过，以节约司法资源。自首的犯罪分子认罪态度较好，因此应当给予其改过自新的机会，从轻或者减轻处罚体现了宽严相济的立法精神。《刑法》第六十七条明确规定，对于自首的犯罪分子，可以从轻或减轻处罚，如果犯罪较轻的，可以免除处罚。本案中，乔某实施诈骗行为后主动到公安机关投案并且交代自己的罪行，应当认定为自首，法院在判决时，根据其自首情节，可以从轻或减轻处罚。

法条链接

《中华人民共和国刑法》

第六十七条第一款、第二款　犯罪以后自动投案，如实供述自己的罪行的，是自首。对于自首的犯罪分子，可以从轻或者减轻处罚。

其中，犯罪较轻的，可以免除处罚。

被采取强制措施的犯罪嫌疑人、被告人和正在服刑的罪犯，如实供述司法机关还未掌握的本人其他罪行的，以自首论。

温馨提示

司法实践中，犯罪嫌疑人在犯罪后正在投案途中被公安机关抓获的或者在家人、亲友的劝说下去投案的，也应认定为自首。从法律意义上来讲，自首包括“主动投案”和“如实供述自己的行为”，如果主动投案后却不如实供述，也不构成自首。

自测小题

选择：下列哪些行为构成自首？（　）①

A. 高某在抢劫后主动投案自首

B. 王某故意杀人后在父亲的劝说下到公安机关投案自首

C. 李某在投案自首的路上被警方抓获

D. 赵某自首后并不交代犯罪经过

在符合哪些条件时，可能会被判处缓刑？

案例实录

许某与范某是邻居，两人因许某在楼道里随意堆放垃圾发生争吵。后来，许某大打出手，将范某打伤。经过鉴定，范某构成轻伤。后来，公安机关将许某拘留。许某被拘留后，许某的家人非常担心，害怕许某会坐牢。经过咨询，许某的妻子得知许某故意伤害他人，已

① 解答：ABC。

经构成刑事犯罪。此时，一个亲戚告诉许某的妻子，让她请律师为许某辩护，如果判处缓期执行，就不用在监狱里服刑。那么，请问符合哪些条件时，才可能会被判处缓刑？

律师分析

所谓缓刑，是指暂缓执行刑罚的一种制度。对于宣告缓刑的犯罪分子，在缓刑考验期内，实行社区矫正。在缓刑考验期满后，如果没有犯新罪，则原刑罚不再执行。但是，要判处缓刑，必须要符合法律规定的条件。对此，《刑法》第七十二条明确规定了缓刑的适用条件：（1）被判处拘役、3 年以下有期徒刑的；（2）犯罪情节较轻；（3）有悔罪表现；（4）没有再犯罪的危险；（5）宣告缓刑对所居住社区没有重大不良影响。在符合这些条件时，可以宣告缓刑。此外，对符合上述条件的不满 18 周岁的人、怀孕的妇女和已满 75 周岁的人，应当宣告缓刑。在上述案例中，只有许某符合上面宣告缓刑的条件才可能被判处缓刑。

法条链接

《中华人民共和国刑法》

第七十二条　对于被判处拘役、三年以下有期徒刑的犯罪分子，同时符合下列条件的，可以宣告缓刑，对其中不满十八周岁的人、怀孕的妇女和已满七十五周岁的人，应当宣告缓刑：

（一）犯罪情节较轻；

（二）有悔罪表现；

（三）没有再犯罪的危险；

（四）宣告缓刑对所居住社区没有重大不良影响。

宣告缓刑，可以根据犯罪情况，同时禁止犯罪分子在缓刑考验期限内从事特定活动，进入特定区域、场所，接触特定的人。

被宣告缓刑的犯罪分子，如果被判处附加刑，附加刑仍须执行。

温馨提示

对于被宣告缓刑的犯罪分子，并不意味着原刑罚不再执行。只有犯罪分子在缓刑考验期内认真遵守法律规定，服从社区矫正机构的管理，考验期满后才不会执行原刑罚。否则，如果其在考验期内再次犯罪或者不遵守相关规定，就会被撤销缓刑，执行原来的刑罚。

自测小题

选择：沈某因诈骗罪被人民检察院提起公诉，那么，沈某在符合下列哪些条件时，可能被法院宣告缓刑？（　）①

A. 沈某的犯罪情节较轻，有悔罪的表现

B. 沈某被判处有期徒刑一年

C. 沈某没有再犯罪的危险

D. 沈某被宣告缓刑，不会对社区产生影响

在哪些情形下，人民法院会禁止犯罪分子从事相关职业？

案例实录

贺某是某培训机构的教师，其利用给学生补习功课的便利，对两名女生进行猥亵。后来，贺某的行为被发现，公安机关依法对贺某实施拘留。在经过调查取证后，检察院依法提起公诉。对此，贺某非常担心，害怕自己以后都不能再做教师。贺某的家人为此咨询了律师，律师称其很可能会被禁止在一定时间内从事此类职业。那么，请问法院是否会禁止贺某再从事相关职业？

---

① 解答：ABCD。

律师分析

在实际生活中，有的人利用自己职业的便利实施犯罪，在此种情况下，很可能会被法院禁止在一定期限内再从事相关的职业。对此，《刑法》第三十七条之一明确规定，人民法院可以根据犯罪情况和预防再犯罪的需要，对利用职业便利实施犯罪，或者因实施违背职业要求的特定义务的犯罪而被判处刑罚的犯罪分子，禁止其自刑罚执行完毕之日或者假释之日起从事相关职业，期限为 3 年至 5 年。在上述案例中，贺某利用自己作为培训机构教师的便利猥亵女生，因此贺某的行为已经构成强制猥亵罪。为避免贺某再次犯罪，法院会根据其犯罪情况禁止其在一定的期限内再从事教师这一职业。

法条链接

《中华人民共和国刑法》

第三十七条之一　因利用职业便利实施犯罪，或者实施违背职业要求的特定义务的犯罪被判处刑罚的，人民法院可以根据犯罪情况和预防再犯罪的需要，禁止其自刑罚执行完毕之日或者假释之日起从事相关职业，期限为三年至五年。

被禁止从事相关职业的人违反人民法院依照前款规定作出的决定的，由公安机关依法给予处罚；情节严重的，依照本法第三百一十三条的规定定罪处罚。

其他法律、行政法规对其从事相关职业另有禁止或者限制性规定的，从其规定。

温馨提示

对于因犯罪行为被禁止再从事相关职业的犯罪分子，一般期限为 3 年至 5 年，不会终身禁止。需要注意的是，禁业规定应当从刑罚执行完毕之日起或者假释之日起计算，而不是从判决生效之日起计算。

自测小题

选择：朱某因利用自己程序员的身份实施犯罪，被判处有期徒刑4年，同时禁止其5年内再从事此职业。那么，请问朱某的禁业期限是多久？（　）[①]

A. 从朱某服刑满4年之日起5年

B. 从法院的判决生效之日起5年

C. 从朱某被送往监狱服刑之日起5年

D. 从朱某被法院采取强制措施之日起5年

犯罪分子不能全部缴纳罚金的，怎么办？

案例实录

万某是某机械制造厂的老板，其与某公司签订了买卖合同。某公司按照合同约定提前支付了万某10万元预付款。但是，万某在收受了某公司的预付款后，因工厂资不抵债，便拿着货款逃跑了。后来，万某被公安机关逮捕。经法院审判，万某被以合同诈骗罪判处有期徒刑5年，并处罚金10万元。但是，因万某的资产都被用来还债，故无法缴纳罚金。那么请问，对于不能全部缴纳罚金的犯罪分子，应该怎么办？

律师分析

在刑法中，罚金属于财产刑，对于罚金既可以独立适用，也可以附加适用。在实践中，犯罪分子被判处罚金后，应当按照规定的期限

① 解答：A。

按时缴纳罚金。对此，《刑法》第五十三条作出了明确规定，即犯罪分子应当在判决指定的期限内一次或者分期缴纳罚金。期满不缴纳的，会被强制缴纳。对于不能全部缴纳罚金的情况，人民法院在任何时候发现被执行人有可以执行的财产，应当随时追缴。此外，如果由于遭遇不能抗拒的灾祸等原因缴纳确实有困难的，经人民法院裁定，可以延期缴纳、酌情减少或者免除。在上述案例中，如果万某因为财产状况不能缴纳全部罚金，人民法院可以随时查询万某的资产状况，在发现有可执行的财产时，应及时追缴。

法条链接

《中华人民共和国刑法》

第五十三条　罚金在判决指定的期限内一次或者分期缴纳。期满不缴纳的，强制缴纳。对于不能全部缴纳罚金的，人民法院在任何时候发现被执行人有可以执行的财产，应当随时追缴。

由于遭遇不能抗拒的灾祸等原因缴纳确实有困难的，经人民法院裁定，可以延期缴纳、酌情减少或者免除。

《最高人民法院关于适用财产刑若干问题的规定》

第五条　刑法第五十三条规定的“判决指定的期限”应当在判决书中予以确定；“判决指定的期限”应为从判决发生法律效力第二日起最长不超过三个月。

第六条　刑法第五十三条规定的“由于遭遇不能抗拒的灾祸缴纳确实有困难的”，主要是指因遭受火灾、水灾、地震等灾祸而丧失财产；罪犯因重病、伤残等而丧失劳动能力，或者需要罪犯抚养的近亲属患有重病，需支付巨额医药费等，确实没有财产可供执行的情形。

具有刑法第五十三条规定“可以酌情减少或者免除”事由的，由罪犯本人、亲属或者犯罪单位向负责执行的人民法院提出书面申请，并提供相应的证明材料。人民法院审查以后，根据实际情况，裁定减少或者免除应当缴纳的罚金数额。

温馨提示

关于刑罚中罚金的缴纳，不一定是一次性全部缴纳，可以在法院判决规定的期限内分期缴纳。此外，对于确实有困难，如因重病、伤残丧失劳动能力，近亲属患有重病需支付巨额医药费等特殊情况，没有财产可以缴纳的，可以向法院书面申请减少或者免除罚金。

自测小题

选择：罚金的缴纳方式有哪几种？（ ）①

A. 限期一次缴纳

B. 限期分期缴纳

C. 强制缴纳

D. 随时追缴

没收全部财产的，需要为犯罪分子保留生活费用吗？

案例实录

童某是某县县长，因贪污罪被判处无期徒刑，并处没收全部财产。判决生效后，童某的妻子非常担心自己和家人以后的生活，其没有工作，又要抚养两个孩子，还要赡养老人。童某的妻子觉得一旦没收财产，就会将家里所有的财产都归国家所有，不知道以后应该如何

① 解答：ABCD。

生活。后来，一个朋友告诉她，没收财产并不是没收家庭全部财产，国家会给他们保留生活费用。那么，请问被判处没收财产的，是否要没收犯罪分子的全部财产？

律师分析

所谓没收财产，是指剥夺罪犯的全部或者部分个人财产，归为国有的一种刑罚。关于没收财产的范围，《刑法》第五十九条明确规定，没收财产包括没收全部财产和部分财产两种。但是，没收犯罪分子全部财产的，必须为犯罪分子个人及其扶养的家属保留必要的生活费用。在上述案例中，童某被法院判处没收全部财产，但是，在没收财产时，只是没收属于童某的财产份额，并且会在他的财产中为其妻子、需要扶养的子女和父母保留必要的生活费。因此，童某妻子的朋友的说法是正确的。此外，如果在童某被判处没收财产以前，对他人负有正当债务的，经债权人请求，应当用没收的财产偿还其债务。

法条链接

《中华人民共和国刑法》

第五十九条　没收财产是没收犯罪分子个人所有财产的一部或者全部。没收全部财产的，应当对犯罪分子个人及其扶养的家属保留必需的生活费用。

在判处没收财产的时候，不得没收属于犯罪分子家属所有或者应有的财产。

第六十条　没收财产以前犯罪分子所负的正当债务，需要以没收的财产偿还的，经债权人请求，应当偿还。

温馨提示

对于没收财产的刑罚，虽然将犯罪分子的全部或者部分财产收归国家所有，但需要注意的是，国家没收的只是犯罪分子的个人份额，在没收财产时，会将其他家庭成员的财产予以保留。另外，即使没收其个人财产，国家也会秉持生存权益优先的原则，为犯罪分子个人及受其扶养的人保留生活费用。

自测小题

选择：徐某被法院判处有期徒刑15年并没收财产，但是，其曾经向向某借款40万元，那么，向某是否可以请求偿还自己的借款？（ ）①

A. 向某可以提出请求，其借款会用没收的财产清偿

B. 向某可以请求徐某的家人偿还其借款

C. 向某无权再请求徐某偿还借款

D. 向某可以等徐某出狱后再请求其偿还借款

在符合哪些条件时，能被认定为立功？

案例实录

周某因贩卖毒品罪被判处有期徒刑10年，在判决生效后，周某被送往监狱执行刑罚。在服刑的过程中，周某为公安机关提供了重要线索，使公安机关破获了一起大型的毒品走私案。由于周某提供的重要线索，公安机关顺利逮捕了犯罪嫌疑人，并搜索出犯罪嫌疑人藏匿的毒品。后来，公安机关准备将周某的行为认定为立功，并为其减轻刑罚。那么，请问在符合哪些条件时，犯罪分子能被认定为立功？

律师分析

关于立功的认定情形，《刑法》第六十八条规定，在符合下列情

---

① 解答：A。

形时，可以认定为犯罪分子有立功表现：（1）犯罪分子有揭发他人犯罪行为，经过查证属实的；（2）犯罪分子提供重要线索，从而使其他案件被侦破的。在上述案例中，由于周某提供了重要的线索，使公安机关成功破获了一起大型走私贩毒案件。因此，周某的行为属于立功，公安机关准备将周某的行为认定为立功的做法是正确的。

法条链接

《中华人民共和国刑法》

第六十八条 犯罪分子有揭发他人犯罪行为，查证属实的，或者提供重要线索，从而得以侦破其他案件等立功表现的，可以从轻或者减轻处罚；有重大立功表现的，可以减轻或者免除处罚。

温馨提示

立功的行为必须是犯罪分子本人实施的，如果是犯罪分子的亲友为了使犯罪分子得到从轻处理，直接向有关机关揭发他人犯罪行为，提供侦破其他案件的重要线索，或者协助司法机关抓捕其他犯罪嫌疑人的，不应当认定为犯罪分子的立功表现。此外，犯罪分子本人通过非法途径或非法手段获取的线索，也不能被认定为立功。

自测小题

选择：下列哪些行为可以认定为立功？（ ）①

A. 正在服刑的邢某通过重金购买的某破案线索

B. 犯罪分子方某的父母向公安机关提供破案线索

C. 罪犯朱某的亲人协助公安机关抓捕犯罪嫌疑人

D. 罪犯徐某揭发了沈某的犯罪行为，并经查证属实

① 解答：D。

在哪些情况下，可能会被减刑？在哪些情况下，应当被减刑？

案例实录

杜某因故意伤害罪被判处有期徒刑10年，在判决生效后，杜某在监狱中积极进行改造，非常后悔自己当时的所作所为。在杜某的父母定期来看望他时，他向父母表达了自己的悔意。杜某的父母告诉他，如果他在刑罚执行期间有重大立功表现，就会被减刑，这样他就可以早日出狱。但是，杜某并不清楚在哪些情况下，他能被减刑。那么，请问在哪些情况下，罪犯可能会被减刑？在哪些情况下，应当被减刑？

律师分析

减刑，是指对被判处刑罚的犯罪分子，在其具有法定的减刑情节时，人民法院依法减轻原判刑罚的活动。关于减刑，《刑法》分为可以减刑和应当减刑两种情形。根据《刑法》第七十八条的规定，对于被判处刑罚的罪犯，如果其在执行刑罚期间认真遵守监规，接受教育改造，确有悔改表现的，或者有立功表现的，可以减刑。同时，在犯罪分子有下列重大立功表现时，则应当减刑：（1）阻止他人重大犯罪活动的；（2）检举监狱内外重大犯罪活动，经查证属实的；（3）有发明创造或者重大技术革新的；（4）在日常生产、生活中舍己救人的；（5）在抗御自然灾害或者排除重大事故中，有突出表现的；（6）对国家和社会有其他重大贡献的。在上述案例中，杜某只要在服刑期间认真遵守监规，积极进行改造，就有可能被减刑。

法条链接

《中华人民共和国刑法》

第七十八条 被判处管制、拘役、有期徒刑、无期徒刑的犯罪分子，在执行期间，如果认真遵守监规，接受教育改造，确有悔改表现的，或者有立功表现的，可以减刑；有下列重大立功表现之一的，应当减刑：

（一）阻止他人重大犯罪活动的；

（二）检举监狱内外重大犯罪活动，经查证属实的；

（三）有发明创造或者重大技术革新的；

（四）在日常生产、生活中舍己救人的；

（五）在抗御自然灾害或者排除重大事故中，有突出表现的；

（六）对国家和社会有其他重大贡献的。

减刑以后实际执行的刑期不能少于下列期限：

（一）判处管制、拘役、有期徒刑的，不能少于原判刑期的二分之一；

（二）判处无期徒刑的，不能少于十三年；

（三）人民法院依照本法第五十条第二款规定限制减刑的死刑缓期执行的犯罪分子，缓期执行期满后依法减为无期徒刑的，不能少于二十五年，缓期执行期满后依法减为二十五年有期徒刑的，不能少于二十年。

温馨提示

关于对犯罪分子的减刑，犯罪分子在服刑期间认真遵守监规，只是有被减刑的可能，不一定会被减刑。但是，如果犯罪分子有法律规定的重大立功表现，就应当会被减刑。我们需要注意应当减刑与可以减刑的区别，不能认为只要在服刑期间积极进行改造就一定会被减刑。

自测小题

选择：曾某被判处有期徒刑12年，在下列哪些情形下，曾某应当被减刑？（　）①

A. 曾某认真遵守监规，接受教育改造

B. 曾某有立功表现

C. 曾某在生产中发明了一项重要的技术，提高了工作效率

D. 曾某在日常生活中舍己救人

第二次犯罪，会从重处罚吗？

案例实录

2017年，19岁的周某因犯盗窃罪被判处有期徒刑2年。刑满释放后，周某仍然改不了好吃懒做的习惯，找了几个工作都嫌累，成天游手好闲。某日，周某上网时结识了几个“志趣相投”的朋友，他们都想不劳而获，于是合谋去偷车。2020年6月，周某等人经过精心策划，来到郊区盗窃汽车，变卖后获得赃款10万余元。后来周某等人被捕，由于周某之前受过刑事处罚，这次是第二次犯罪，法院在判决时会对周某从重处罚吗？

律师分析

法院在判决时会对周某从重处罚。对于第二次犯罪是否会从重处罚，关键在于判断该罪犯是否构成累犯，如果构成累犯，即从重处罚。累犯，是指在受到的刑法处罚执行完毕或者赦免之后，在法定期限内（一般累犯期限为5年）再犯应当处以有期徒刑以上之罪的。根

① 解答：CD。

据《刑法》第六十五条的规定，构成累犯的人应当从重处罚。本案中，周某在第一次服刑期满之后5年内再次故意犯罪，是累犯，应当从重处罚。

法条链接

《中华人民共和国刑法》

第六十二条　犯罪分子具有本法规定的从重处罚、从轻处罚情节的，应当在法定刑的限度以内判处刑罚。

第六十五条　被判处有期徒刑以上刑罚的犯罪分子，刑罚执行完毕或者赦免以后，在五年以内再犯应当判处有期徒刑以上刑罚之罪的，是累犯，应当从重处罚，但是过失犯罪和不满十八周岁的人犯罪的除外。

前款规定的期限，对于被假释的犯罪分子，从假释期满之日起计算。

温馨提示

累犯是指在之前的刑罚执行完毕，短时间内再犯比较严重的罪时，应当从重处罚。因为，在短时间内再犯罪，说明其没有悔罪表现，重新实施了危害社会的行为。上一次的刑罚没有将其成功改造，其仍然具有较强的社会危害性。所以，对于累犯的量刑应当从重。

自测小题

选择：下列哪种情况属于累犯？(　　)①

A. 小黄因犯盗窃罪被判处有期徒刑3年，刑满释放后第4年再犯抢劫罪

① 解答：A。

B. 小马因犯诈骗罪被判处有期徒刑2年，刑满释放后第3年再犯过失致人死亡罪

C. 小刘因犯寻衅滋事罪被判处拘役6个月，刑满释放后第3年再犯故意伤害罪

D. 小朱因犯贪污罪被判处有期徒刑5年，刑满释放后第8年再犯故意杀人罪

犯罪行为所造成的经济损失，由谁来承担？

案例实录

20岁的小勇是某高校学生，他与姗姗谈恋爱已经有一年的时间。前段时间，姗姗向他提出了分手，小勇心中怨气难平。分手后的一天，小勇在校外的餐馆看见姗姗正在和男同学大斌吃饭，顿时怒气冲天，他认为是大斌破坏了自己和姗姗的关系，便去找他理论。二人发生了激烈的口角，随后动起手来，小勇用钝器将大斌打成重伤，大斌住院治疗花去了大量的医疗费。小勇因故意伤害罪被提起刑事诉讼。那么，对大斌的民事赔偿责任应当由谁来承担？

律师分析

小勇不仅要承担相应的刑事责任，还要对大斌承担相应的民事赔偿责任。犯罪分子实施违法行为后，对实施犯罪行为时造成的经济损失，要承担赔偿责任。一般情况下，在一审判决宣告前，可以要求附带民事赔偿。《刑法》第三十六条明确规定，被害人因犯罪行为而遭受的经济损失，犯罪分子应当赔偿。本案中，小勇对大斌实施了故意伤害的行为，导致大斌住院治疗花去大量的医药费，小勇应当赔偿大斌的经济损失。

法条链接

《中华人民共和国刑法》

第三十六条 由于犯罪行为而使被害人遭受经济损失的，对犯罪分子除依法给予刑事处罚外，并应根据情况判处赔偿经济损失。

承担民事赔偿责任的犯罪分子，同时被判处罚金，其财产不足以全部支付的，或者被判处没收财产的，应当先承担对被害人的民事赔偿责任。

温馨提示

犯罪分子实施了犯罪行为，对被害人造成了损害，会得到相应的刑事处罚，但是不能因此免除其民事上的侵权责任。如果被害人受到侵害后，得不到相应的民事赔偿，无疑是对被害人精神上的再次伤害。

自测小题

选择：下列哪些情况可以提起刑事附带民事赔偿？（ ）①

A. 张某犯寻衅滋事罪给酒吧造成经济损失

B. 赵某犯强奸罪给妇女造成身体损害

C. 刘某醉驾撞伤了李先生

D. 钱某诈骗了王女士3万元，王女士气得摔倒住院

怀孕的妇女犯罪，在流产后能否被判处死刑？

案例实录

冯某性格沉闷，遇事不喜欢与人沟通交流，遇到问题经常钻牛角

① 解答：ABC。

尖。几年前，冯某来到一家公司工作，一个姓赵的老员工经常“欺负”她，总是因为各种琐事对她故意刁难。某日，冯某在赵某又一次批评她后，对赵某起了杀心，她将事先准备好的毒药投放到赵某的水杯中，赵某服用之后，不久便毒发身亡。后冯某被警方逮捕，然而此时冯某发现自己已经怀孕2个多月，但由于受到惊吓和刺激，她于被起诉前流产。那么，在此种情况下，冯某能被判处死刑吗?

律师分析

冯某不能被判处死刑（包括死刑缓期执行和死刑立即执行）。怀孕妇女不适用死刑体现了我国法律的人道主义精神。《刑法》第四十九条规定，在审判时怀孕的妇女不适用死刑。同时，根据《最高人民法院关于对怀孕妇女在羁押期间自然流产审判时是否可以适用死刑问题的批复》，怀孕妇女因涉嫌犯罪在羁押后流产的，应当视为审判时怀孕的妇女，依法不适用死刑（包括不适用死刑立即执行和死刑缓期执行）。由此可见，在审判时已经流产的妇女也不能适用死刑。本案中，冯某在被逮捕后流产，也视为审判时怀孕的妇女，因此依法不能被判处死刑。

法条链接

《中华人民共和国刑法》

第四十九条第一款　犯罪的时候不满十八周岁的人和审判的时候怀孕的妇女，不适用死刑。

《最高人民法院关于对怀孕妇女在羁押期间自然流产审判时是否可以适用死刑问题的批复》

怀孕妇女因涉嫌犯罪在羁押期间自然流产后，又因同一事实被起诉、交付审判的，应当视为“审判的时候怀孕的妇女”，依法不适用死刑。

温馨提示

审判时怀孕的妇女不适用死刑，体现了刑罚人道原则。在孕妇腹中的胎儿虽然不是完全的人格生命体，但是也不得在胎儿未违法的情况下剥夺其生命。最高人民法院的批复对审判时怀孕的妇女作出了进一步解释，防止在对怀孕妇女的羁押过程中，他人故意导致其流产，从而保护怀孕妇女的权利。

自测小题

下列哪些妇女不得被判处死刑？（ ）①

A. 犯罪分子王某犯故意杀人罪，被逮捕时已经怀孕5个月

B. 犯罪分子张某故意杀人时怀孕2个月，3年之后故意杀人行为被发现

C. 犯罪分子李某被逮捕时怀孕3个月，被羁押后她决定人工流产

D. 犯罪分子胡某因故意杀人罪被逮捕，羁押时发现怀孕1个月，不小心流产，住院时因心情不好与护士争吵，伺机将护士杀害

在什么情况下，在监狱服刑的犯罪分子可以假释？

案例实录

有一天，张某下夜班回家路过一条幽暗的小巷，他发现一名女子深夜独自一人走在街上，便一时起了歹心，对该妇女实施了强奸行为，造成了非常严重的后果。后张某因犯强奸罪被判处有期徒刑12年。在服刑期间，张某改过自新、表现非常好。鉴于此情况，张某能获得假释吗？那么，什么是假释，获得假释需要什么条件呢？

---

① 解答：AC。

律师分析

假释是指被判处有期徒刑或者无期徒刑的犯罪分子，在执行了一定时间的刑罚之后，如果认真遵守监规，接受教育改造，确有悔改表现，不致再危害社会的，司法机关将其附条件地予以提前释放的一种刑罚执行制度。获得假释，除了要表现良好，还要满足其他条件。根据《刑法》第八十一条的规定，服过的刑期占原刑期的一半以上的，可以获得假释，但是因故意杀人、强奸等8类重罪被判处10年以上有期徒刑的，不得假释。本案中，张某因犯强奸罪被判处有期徒刑12年，不能获得假释。

法条链接

《中华人民共和国刑法》

第八十一条　被判处有期徒刑的犯罪分子，执行原判刑期二分之一以上，被判处无期徒刑的犯罪分子，实际执行十三年以上，如果认真遵守监规，接受教育改造，确有悔改表现，没有再犯罪的危险的，可以假释。如果有特殊情况，经最高人民法院核准，可以不受上述执行刑期的限制。

对累犯以及因故意杀人、强奸、抢劫、绑架、放火、爆炸、投放危险物质或者有组织的暴力性犯罪被判处十年以上有期徒刑、无期徒刑的犯罪分子，不得假释。

对犯罪分子决定假释时，应当考虑其假释后对所居住社区的影响。

第八十三条　有期徒刑的假释考验期限，为没有执行完毕的刑期；无期徒刑的假释考验期限为十年。

假释考验期限，从假释之日起计算。

温馨提示

假释是对犯罪分子进行提前释放，有利于犯罪分子更好地适应社会，防止在监狱时间过长而与社会脱节，以便其尽早地过上正常人的生活。但是，假释是一种有条件的提前释放，并不是所有服刑人员都能够得到假释。对社会危害性极大或者提前释放有再犯罪危险的服刑人员，都不能获得假释。

自测小题

选择：下列哪些人员可以获得假释？（ ）[①]

A. 孙某犯故意伤害罪被判处有期徒刑5年，已经服刑3年，服刑期间表现良好

B. 李某犯故意杀人罪被判处无期徒刑，已经服刑14年，服刑期间表现良好

C. 尹某犯盗窃罪被判处有期徒刑5年，已经服刑2年，服刑期间表现良好

D. 赵某犯抢劫罪被判处有期徒刑9年，已经服刑7年，服刑期间表现良好

犯罪之后逃跑隐匿多年，能够免予刑事追诉吗？

案例实录

冷某长相出众，是当地有名的美女。1998年，已婚的冷某与于某相爱，二人合谋将冷某的丈夫吴某杀死，之后二人便逃往外地。吴某的家人迅速报警，公安机关很快将于某抓获，但因为于某的通风报

① 解答：AD。

信，冷某逃跑了。虽然公安机关多年来一直在追捕冷某，但始终没有冷某的下落。2020 年在排查流动人口时，公安机关发现了冷某并将其逮捕。那么，经过多年逃匿，冷某是否能够免予刑事追诉？

律师分析

虽然冷某在实施故意杀人行为之后逃匿多年，但仍然不能免予刑事追诉。为了有效地发挥司法机关的作用，提高办案效率，同时使改邪归正的犯罪分子放下包袱，我国在立法时设定了刑事追诉时效制度。但是，不是所有超过追诉时效的犯罪都能够免予刑事追诉。《刑法》第八十七条规定了不再追诉的期限，并在第八十八条规定了不受追诉期限限制的情形，其中公安机关立案以后逃避侦查的，就是不受追诉时效限制的情形之一。本案中，冷某犯故意杀人罪，在公安机关立案后逃跑，虽然逃匿 20 多年，但不受追诉期限的限制，仍然要受到刑事追诉。

法条链接

《中华人民共和国刑法》

第八十七条　犯罪经过下列期限不再追诉：

（一）法定最高刑为不满五年有期徒刑的，经过五年；

（二）法定最高刑为五年以上不满十年有期徒刑的，经过十年；

（三）法定最高刑为十年以上有期徒刑的，经过十五年；

（四）法定最高刑为无期徒刑、死刑的，经过二十年。如果二十年以后认为必须追诉的，须报请最高人民检察院核准。

第八十八条　在人民检察院、公安机关、国家安全机关立案侦查或者在人民法院受理案件以后，逃避侦查或者审判的，不受追诉期限的限制。

被害人在追诉期限内提出控告，人民法院、人民检察院、公安机关应当立案而不予立案的，不受追诉期限的限制。

第八十九条　追诉期限从犯罪之日起计算；犯罪行为有连续或者继续状态的，从犯罪行为终了之日起计算。

在追诉期限以内又犯罪的，前罪追诉的期限从犯后罪之日起计算。

温馨提示

对已经超过追诉时效的犯罪分子不再追究刑事责任，体现了我国刑罚改造罪犯的目的。犯罪分子在追诉期限内没有再犯新罪，说明犯罪分子已经改过自新，不再具有社会危害性，可以不追究其刑事责任。因此，一旦超过追诉时效，就不再追究其刑事责任。但是，立案侦查或法院受理案件之后逃跑的，以及应当立案而不予立案的，不受追诉期限的限制。

自测小题

选择：下列哪些行为能够免予刑事追诉？（　）①

A. 张某犯逃避商检罪（最高刑期为3年有期徒刑）没有被发现，6年之后被人举报

B. 冯某犯过失致人死亡罪（最高刑期为7年有期徒刑）没有被发现，10年之后被发现

C. 李某犯侵占罪（最高刑期为5年有期徒刑），立案侦查时李某逃跑，12年之后被抓捕

D. 孙某犯侵占罪（最高刑期为5年有期徒刑）没有被发现，7年之后被发现

① 解答：AB。

第三章

侵犯他人人身的犯罪

监护人饿死孩子是犯罪吗？

案例实录

王某的丈夫李某嗜赌成性，在外面欠下一大笔赌债，后卷款潜逃，留下2岁的孩子小李由王某独自一人抚养。家里再没有其他亲戚，王某自己的工资有限，且时常被债主骚扰，生活十分艰苦，也因此对丈夫李某怨恨渐深。王某每次看到小李，便想起丈夫李某，心里十分愤懑，认为李某和小李简直毁了她一辈子。某天，王某下定决心离家出走，将2岁的孩子一人留在家里。半个月后，债主砸开房门，发现小李在家饿死。那么，王某构成犯罪吗？

律师分析

王某构成了故意杀人罪。作为和不作为，都能构成犯罪。作为是指积极主动地犯罪，而不作为是指行为人具有特定法定义务，应为、能为而不为的行为。例如，本案中，王某作为小李的监护人应当负有抚养小李的义务，王某明知自己离家出走，没有任何人能够照顾小李，却故意将小李一人留在家里，导致小李饿死，因此，王某构成了不作为的故意杀人罪。根据《刑法》第二百三十二条的规定，王某应当承当相应的刑事责任。

法条链接

《中华人民共和国刑法》

第二百三十二条　故意杀人的，处死刑、无期徒刑或者十年以上有期徒刑；情节较轻的，处三年以上十年以下有期徒刑。

温馨提示

在日常生活中，如果我们负有某些特定的义务，应当去履行，否则可能构成不作为的犯罪。一般来说，特定的关联会成为作为义务的产生来源，如父母对子女有抚养义务、警察对被害人有救助义务、对自身行为导致的危险具有平息的义务（如自己扔掉的可能引起火灾的烟头需要熄灭），等等。因此，大家需注意承担起自己应当承担的责任，避免构成不作为犯罪而承担刑事责任。

自测小题

选择：下列哪些情形中，当事人存在刑法上的作为义务，不作为的情况下可能会构成犯罪？（　）[①]

A. 小邢对路边的弃婴有救助义务

B. 肇事司机王某对被撞的路人有救助义务

C. 陈医生对自己的病人有救助义务

D. 老白对经过湖中的溺水之人有救助义务

打错了人，构成故意伤害罪吗？

案例实录

朱小姐很喜欢偶像小李，一直在微博上为他加油打气，但总有黑

① 解答：BC。

粉黑小李。某天，朱小姐在微博上看到一个名为“就是爱找刺”的博主在网上发小李的黑料，就和他吵了起来，两人还相约线下继续说理。见面的时候，“就是爱找刺”说自己身穿一件黑色T恤，朱小姐看到一个穿黑色T恤的女生，没想太多，上去就用自己的公文包朝她手臂上打了过去。没想到的是，“就是爱找刺”爽约了，根本没来，而这位穿黑色T恤的女生被朱小姐打成了轻伤。那么，朱小姐打错了人构成故意伤害罪吗？

律师分析

朱小姐构成故意伤害罪。本案中，朱小姐虽然认错人，但其行为造成了穿黑色T恤的女生轻伤，应当以故意伤害罪追究其刑事责任。在刑法中，这种情形属于打击错误，即行为人意图侵害某一对象时，因各种原因侵害了另一对象。本案中，朱小姐主观上有伤害他人的故意，客观上确实也伤害了穿黑色T恤的女生，无论她伤害的对象是谁，都应当根据《刑法》第二百三十四条承担刑事责任。

法条链接

《中华人民共和国刑法》

第二百三十四条　故意伤害他人身体的，处三年以下有期徒刑、拘役或者管制。

犯前款罪，致人重伤的，处三年以上十年以下有期徒刑；致人死亡或者以特别残忍的手段致人重伤造成严重残疾的，处十年以上有期徒刑、无期徒刑或者死刑。本法另有规定的，依照规定。

温馨提示

现实生活中，我们可能经常和他人产生矛盾，但切不可逞一时之快，与他人打架，故意伤害别人。如果故意伤害他人，造成轻伤以上的损害，不仅要赔偿受害者医疗费用等损失，还需要承担刑事责任。我们切不可为了一时之气而因小失大。

自测小题

判断：老井把一名黑衣男子错认成自己的仇人老罗，将黑衣男子杀了，不构成故意杀人罪。（ ）①

以索取债务为目的拘禁他人，构成犯罪吗?

案例实录

老陆做家具生意，在李师傅那儿订购了一批20万元的桌椅，交货后仍余8万元的货款未付。李师傅多次索要无果，无奈之下带了一帮兄弟绑了老陆，要求老陆立马给钱。老陆称最近手头紧，求李师傅再宽限一段时间。但李师傅说，上次还看见老陆在商场里买了新手表，老陆摆明了是不想还钱。于是，李师傅带着兄弟们揍了老陆一顿，致使老陆受了轻伤，并要求老陆的妻子带着钱赎人。那么，李师傅构成什么罪?

律师分析

李师傅构成非法拘禁罪。人应当有支配自己身体活动的自由，李师傅扣押老陆的行为侵犯了老陆的人身自由权，根据《刑法》第二百三十八条的规定，李师傅因索取债务非法拘禁老陆的行为构成非法拘禁罪，并且由于李师傅殴打老陆致使其受轻伤，应当从重处罚。一般认为，由于李师傅只是想要老陆还钱，而不是以此向老陆索要债务之外的钱或者向老陆的妻子要求更多的钱，因此构成非法拘禁罪，否则李师傅将构成抢劫罪或者绑架罪。

---

① 解答：错误。

法条链接

《中华人民共和国刑法》

第二百三十八条　非法拘禁他人或者以其他方法非法剥夺他人人身自由的，处三年以下有期徒刑、拘役、管制或者剥夺政治权利。具有殴打、侮辱情节的，从重处罚。

犯前款罪，致人重伤的，处三年以上十年以下有期徒刑；致人死亡的，处十年以上有期徒刑。使用暴力致人伤残、死亡的，依照本法第二百三十四条、第二百三十二条的规定定罪处罚。

为索取债务非法扣押、拘禁他人的，依照前两款的规定处罚。

国家机关工作人员利用职权犯前三款罪的，依照前三款的规定从重处罚。

温馨提示

为索取债务拘禁他人仅构成非法拘禁罪，刑罚相较于抢劫罪和绑架罪会轻一些。但大家不应因此采取这种犯法的手段来索要债务。当债务人欠钱不还时，建议大家采用协商的方式，协商不成，可以采用诉讼等合法手段来索要债务。如果采取拘禁、殴打等非法手段索要债务，不一定能够收取债务，还可能构成犯罪，需要承担相应的刑事责任。

自测小题

判断：陈哥因想索要 10 万元债务而绑了小赵拘禁在家，但在绑了小赵后坐地起价想让小赵连债务带“利息”还 20 万元，陈哥仅构成非法拘禁罪。(　)①

① 解答：错误。

在网络上散布他人私照、辱骂他人的，构成犯罪吗？

案例实录

孙先生追求了王小姐很久，但王小姐一直拒绝孙先生。有一次，王小姐不耐烦孙先生的纠缠骂了他两句。于是，孙先生因爱生恨，拼接了王小姐的私密照在微博上发布，并辱骂王小姐，捏造王小姐朝三暮四、举止轻佻、与多名男子不清不楚的情节，并散布到王小姐的朋友圈。王小姐从此被同事、邻居指指点点，与未婚夫的婚事也取消了。王小姐最终抑郁自杀，被抢救回来后，王小姐欲起诉孙先生。那么，孙先生的行为构成犯罪吗？

律师分析

孙先生的行为构成侮辱罪。侮辱罪保护的法益是他人的名誉，根据《刑法》第二百四十六条的规定，以暴力或其他方法公然侮辱他人的构成侮辱罪。本案中，孙先生因情感纠纷，在公众平台上肆意散布王小姐的拼接私密照片，并且辱骂王小姐，编造王小姐私人生活不检点的故事，散播到王小姐的朋友圈，对王小姐的生活和声誉造成了严重的影响，最终导致王小姐自杀，情节严重，构成了《刑法》第二百四十六条规定的侮辱罪。

法条链接

《中华人民共和国刑法》

第二百四十六条第一款、第二款　以暴力或者其他方法公然侮辱他人或者捏造事实诽谤他人，情节严重的，处三年以下有期徒刑、拘役、管制或者剥夺政治权利。

前款罪，告诉的才处理，但是严重危害社会秩序和国家利益的除外。

温馨提示

需要注意的是，侮辱罪是亲告罪，即除了严重危害社会秩序和国家利益的情况之外，只有本人起诉的，才会追究刑事责任。因此，如果大家遇到了类似的事情，应当勇敢地拿起法律武器，为自己讨回公道。同时，大家在日常生活中如果与他人起了冲突，应当尽量和平解决，不要用侮辱他人这种过激的手段。这种手段不仅解决不了问题，还会让当事人因此承担相应的刑事责任。

自测小题

选择：下列哪些行为可能构成侮辱罪？（　）①

A. 向他人泼粪，强迫他人从胯下穿过

B. 强行扒光他人衣服，使其在公众场合被人围观

C. 用恶毒刻薄的语言辱骂、嘲笑他人

D. 捏造他人强奸妇女的犯罪事实，向公安局告发

绑架并未勒索赎金就释放了人质，构成绑架罪吗？

案例实录

小孔是何总家里的专职司机。年初，小孔的父亲生了一场大病，急需用钱，小孔向各位亲戚朋友借钱，却远达不到需要的金额。小孔知道何总家里非常富有，便打起了何总的主意。一天，在接送何总的

① 解答：ABC。

妻子曹女士时，小孔趁机掳走了她，将其绑住，锁在了自己家里。小孔原本准备过3天等何总发现妻子失踪后，向何总要求钱财。但3天未到，小孔又心生悔意，放了曹女士。那么，小孔构成绑架罪吗？

律师分析

小孔构成绑架罪。根据《刑法》第二百三十九条的规定，为索要钱财或者其他不法要求而绑架他人作为人质的，构成绑架罪。绑架罪保护的法益是人质的人身自由和安全，而不是第三人的财产。因此，绑架罪是一种行为犯，即只要行为人实施了绑架行为，危害到人质的人身自由与安全，即构成该罪。

法条链接

《中华人民共和国刑法》

第二百三十九条　以勒索财物为目的绑架他人的，或者绑架他人作为人质的，处十年以上有期徒刑或者无期徒刑，并处罚金或者没收财产；情节较轻的，处五年以上十年以下有期徒刑，并处罚金。

犯前款罪，杀害被绑架人的，或者故意伤害被绑架人，致人重伤、死亡的，处无期徒刑或者死刑，并处没收财产。

以勒索财物为目的偷盗婴幼儿的，依照前两款的规定处罚。

温馨提示

无论出于什么理由，为了钱财去绑架他人都是犯法的。即便最终有可能并没有伤害到人质，但在行为人绑架人质的那一刻，就有伤害人质的心。本案中，虽然小孔并未勒索财物就释放了曹女士，也未伤害曹女士，但小孔已经实施了绑架行为，危害到曹女士的人身自由与安全，因此小孔构成绑架罪。

自测小题

判断：金爷为了勒索赎金绑架了陈老板家的小女儿，打电话要求赎金后，还未收到赎金就放了小女孩，金爷构成绑架罪。(　)①

花钱买老婆，并强行与其发生性行为，构成何罪？

案例实录

老谢已经快50岁了，之前有过一个妻子但已身故多年。这些年村里的人一直劝他再娶一个，以后也有个互相帮助的人。机缘巧合下，老谢认识了一个人贩子，便花钱买了杨小姐作为自己的妻子，并强行与杨小姐发生了性行为。那么，老谢的行为构成犯罪吗？

律师分析

老谢的行为构成收买被拐卖的妇女罪和强奸罪。根据《刑法》第二百四十一条的规定，收买被拐卖的妇女，构成收买被拐卖的妇女罪。收买被拐卖的妇女罪，是指不以出卖为目的，故意用财物收买被拐卖的妇女的行为，该罪保护的法益是妇女的人身自由。同时，根据《刑法》第二百四十一条第二款的规定，收买后又强奸该妇女的，按照第二百三十六条强奸罪的规定处罚。因此，本案中，老谢收买杨小姐作为自己的妻子，并强行发生性行为，构成了收买被拐卖的妇女罪和强奸罪，应当数罪并罚。

法条链接

《中华人民共和国刑法》

第二百三十六条　以暴力、胁迫或者其他手段强奸妇女的，处三

① 解答：正确。

年以上十年以下有期徒刑。

奸淫不满十四周岁的幼女的，以强奸论，从重处罚。

强奸妇女、奸淫幼女，有下列情形之一的，处十年以上有期徒刑、无期徒刑或者死刑：

（一）强奸妇女、奸淫幼女情节恶劣的；

（二）强奸妇女、奸淫幼女多人的；

（三）在公共场所当众强奸妇女、奸淫幼女的；

（四）二人以上轮奸的；

（五）奸淫不满十周岁的幼女或者造成幼女伤害的；

（六）致使被害人重伤、死亡或者造成其他严重后果的。

第二百四十一条 收买被拐卖的妇女、儿童的，处三年以下有期徒刑、拘役或者管制。

收买被拐卖的妇女，强行与其发生性关系的，依照本法第二百三十六条的规定定罪处罚。

收买被拐卖的妇女、儿童，非法剥夺、限制其人身自由或者有伤害、侮辱等犯罪行为的，依照本法的有关规定定罪处罚。

收买被拐卖的妇女、儿童，并有第二款、第三款规定的犯罪行为的，依照数罪并罚的规定处罚。

收买被拐卖的妇女、儿童又出卖的，依照本法第二百四十条的规定定罪处罚。

收买被拐卖的妇女、儿童，对被买儿童没有虐待行为，不阻碍对其进行解救的，可以从轻处罚；按照被买妇女的意愿，不阻碍其返回原居住地的，可以从轻或者减轻处罚。

温馨提示

拐卖妇女儿童、收买被拐卖的妇女儿童都是犯罪行为。不顾妇女意志强行收买其作为妻子，一方面，构成了犯罪；另一方面，这样的婚姻也不可能幸福。同时，如果发现有人在买卖妇女、儿童，提倡大家及时举报、报警，也许你的一个举动，就能救下正在受苦受难的女性或孩子。

自测小题

判断：郑某经人牵线，用钱买了一个媳妇，并强行与其发生了性行为，郑某仅构成收买被拐卖的妇女罪。(　)①

为了索债公然进入他人住宅，构成犯罪吗？

案例实录

潘某欠朱某 6 万余元借款。朱某多次催要，潘某仍未还款。一天，朱某叫上开锁师傅，强行打开潘某家的房门并更换门锁，同时带着自己的表弟陈某一起住到潘某的房屋内，称潘某什么时候还钱，他们就什么时候搬出去。自他们住到潘某的房屋内后，潘某多次要求他们离开，但他们均不予理睬，居住期间，房屋内的部分财物遭到损坏。后潘某报警，民警经多次调解，朱某仍不愿搬出该房屋。后朱某被逮捕。那么，朱某构成犯罪吗？

律师分析

朱某构成非法侵入住宅罪。根据《刑法》第二百四十五条的规定，非法侵入他人住宅构成犯罪。非法侵入住宅罪保护的法益是他人的住宅安宁，随意进入他人房屋、扰乱他人住宅安宁即构成此罪。因此，本案中，朱某虽然是为了索取债务，但其采用非法手段，强行进

① 解答：错误。

入潘某的房屋，扰乱了潘某的住宅安宁，经潘某和民警多次劝解仍不悔改，并损坏了房屋内的部分财物，构成了非法侵入住宅罪。

法条链接

《中华人民共和国刑法》

第二百四十五条　非法搜查他人身体、住宅，或者非法侵入他人住宅的，处三年以下有期徒刑或者拘役。

司法工作人员滥用职权，犯前款罪的，从重处罚。

温馨提示

法律非常注重保护大家的住宅安宁。任何人，无论是基于什么理由，都不得非法闯入他人家中，也不得非法搜查他人的身体、住宅。即便是司法机关的工作人员为了查案而进行，也必须经过合法程序，通过合法手段才可以。因此，一旦遇到类似的事情，大家一定要及时报警，保护自己的合法权益。

自测小题

判断：超市保安吕某怀疑顾客小曾偷盗了商品，吕某可以将小曾拦下并对其进行搜身。(　)①

对家中无法自理的父亲置之不理，构成犯罪吗？

案例实录

钱先生今年45岁，家人只有20岁的儿子小钱。年初，钱先生突发中风导致半身瘫痪，生活不能自理，治疗后被小钱接回家中照顾。

① 解答：错误。

后小钱以外出打工为名要求其表姑到家中照顾钱先生。其表姑在电话中多次说明自己无力照顾，但小钱置之不顾，自顾自离家去外地打工。钱先生多次联系小钱，均被小钱屏蔽。其表姑过了一段时间回来看钱先生，发现钱先生因断粮、断水已经非常虚弱，急忙送去抢救。那么，小钱构成犯罪吗？

律师分析

小钱构成遗弃罪。根据《刑法》第二百六十一条的规定，拒绝扶养无力自理之人，情节严重的，构成遗弃罪。本案中，小钱作为钱先生唯一的儿子，对半身瘫痪、不具有自理能力的钱先生具有扶养义务。但小钱面对钱先生的多次联络均不予理会，拒绝扶养钱先生，最终导致钱先生身体虚弱、病情加重。因此，小钱的行为构成了遗弃罪，应当承担相应的刑事责任。需要注意的是，不仅仅是具有家庭关系的人才可能构成遗弃罪，具有职务上的关系（如医院对于收置的病人），合同上的关系（如保姆对于受托的婴儿）时，拒绝扶养也可能构成遗弃罪。

法条链接

《中华人民共和国刑法》

第二百六十一条　对于年老、年幼、患病或者其他没有独立生活能力的人，负有扶养义务而拒绝扶养，情节恶劣的，处五年以下有期徒刑、拘役或者管制。

温馨提示

无论是因为年龄还是生病等各种原因导致被扶养人无力独立生活，只要扶养人具有扶养能力，就应当照顾被扶养人。如果扶养人无力照顾，可以向社会各机构、组织求救，至少应当尽自己的能力去帮助被扶养人。这不仅是法律上的义务，也是道德上的义务。

自测小题

判断：一般来说，我们会对孩子、父母等具有家庭关系的人具有扶养义务。(　)①

错告他人，构成诬告陷害罪吗?

案例实录

小明今年7岁，十分聪明机灵，家里生活也很富裕。有一天，小明和爸爸及邻居叔叔在小明家的别墅门口聊天，忽然发现门锁坏了。小明说要马上修，不然会丢东西，邻居叔叔也对小明爸爸说不能耽误，否则丢失贵重物品就麻烦了。虽然小明爸爸马上联系了修锁的师傅，但由于一些原因，修锁的事被耽搁了。结果，这天晚上小明家就丢失了上万元的笔记本电脑。小明怀疑是邻居叔叔偷的，爸爸想了想，相信了小明的推测，向公安机关控告邻居盗窃自家电脑。后经公安机关查明，是邻村的小李盗窃的。那么，小明爸爸构成诬告陷害罪吗?

律师分析

小明爸爸不构成诬告陷害罪。《刑法》第二百四十三条对诬告陷害罪作出了规定，本罪的犯罪客体是他人的人身权利，主要是名誉权，而不是司法秩序。犯罪的客观方面，行为人捏造虚假的犯罪事实，向公安、司法机关等告发，诬告陷害特定的人，犯罪对象不包括自己。本罪的犯罪主体是一般主体，即已满16周岁的人。犯罪的主观方面是故意，要求有诬告目的，意图使其受刑事追究。错告在犯罪的客观方面，没有捏造虚假事实，在主观方面不是故意，不具有诬告

① 解答：正确。

陷害的目的，不成立犯罪。本案中，小明家里的确丢失了电脑，发生了盗窃案，犯罪事实是存在的。爸爸怀疑是邻居盗窃的，进而向公安机关告发，并未捏造虚假的犯罪事实，也不是故意要陷害邻居，只是由于当天邻居的反应对其产生了怀疑，弄错了盗窃主体，属于错告。综合以上分析，小明爸爸不构成诬告陷害罪。

法条链接

《中华人民共和国刑法》

第二百四十三条　捏造事实诬告陷害他人，意图使他人受刑事追究，情节严重的，处三年以下有期徒刑、拘役或者管制；造成严重后果的，处三年以上十年以下有期徒刑。

国家机关工作人员犯前款罪的，从重处罚。

不是有意诬陷，而是错告，或者检举失实的，不适用前两款的规定。

温馨提示

当公安机关收到诬告材料，准备启动调查程序时，诬告陷害罪既遂。因为本罪侵犯的法益是他人的名誉权。当公安机关收到诬告材料准备调查时，他人的名誉权就已经受到侵害，此时，诬告陷害罪既遂，不要求公安机关实际启动调查程序，当然更不要求被害人被实际追究刑事责任。

自测小题

选择：关于诬告陷害罪，下列说法错误的是（　）[①]

A. 诬告自己犯罪，也成立诬告陷害罪

---

① 解答：AB。

B. 诬告陷害罪的犯罪主体是国家机关工作人员

C. 实施诬告陷害罪必须捏造虚假的犯罪事实

D. 错告、检举失实不构成诬告陷害罪

单身的人有可能构成重婚吗?

案例实录

两年前，赵某和孙某因感情不和而离婚，至今单身。一次，赵某在工作时结识了合作公司的女员工蔡某。在两个公司合作期间，赵某与蔡某因为工作原因而联系密切。在相处过程中，赵某发现蔡某长相出众、工作能力突出，逐渐喜欢上蔡某。于是赵某趁着两人出差的机会，向蔡某表明自己的心意。蔡某表示虽然自己也喜欢赵某，但是自己已婚，并且因为某些原因，不能和现任丈夫离婚，所以不能和赵某在一起。赵某表示现在的婚姻登记并未实现全国联网，两人可以在自己居住地民政局办理结婚登记手续，待时机成熟，蔡某再和现任丈夫离婚。蔡某听后同意了赵某的想法，之后和赵某在赵某居住地的民政局办理了结婚登记。赵某这种情形构成重婚罪吗？

律师分析

我国婚姻法实行一夫一妻制，这有利于实现男女平等，也有利于家庭与社会的稳定。重婚是违反夫妻忠实义务的行为，伤害了人们的情感，破坏了完整的家庭。根据《民法典》第一千零五十一条的规定，重婚后，后婚因为与前婚在权利义务上具有冲突与对立性，所以在法律上不会得到承认，没有婚姻关系的实际效力，以无效婚姻对待。后婚双方当事人之间只能以同居关系对待，以此惩罚重婚者，保护前婚无过错一方当事人。根据《刑法》第二百五十八条的规定，重婚违背了社会善良风俗，破坏了家庭和社会秩序，重婚者会被追究相应的刑事责任，以此维护正常、安定的婚姻关系。本案中，蔡某在尚未解除现行婚姻关系的情况下与赵某登记结婚，明显构成了重婚，赵某与蔡某结婚之前虽然是单身，但是根据对重婚罪情形的规定“明知他人有配偶而与之结婚的”，不以该方有婚姻关系为前提，只要明知他人存在婚姻关系仍与之结婚，就构成重婚。即使赵某单身，在本案情形下，仍然会构成重婚罪。

法条链接

《中华人民共和国民法典》

第一千零五十一条　有下列情形之一的，婚姻无效：

（一）重婚；

……

《中华人民共和国刑法》

第二百五十八条　有配偶而重婚的，或者明知他人有配偶而与之结婚的，处二年以下有期徒刑或者拘役。

温馨提示

对于重婚罪，我们需要把握以下几点。第一，重婚罪的主体包括两类：一类是有配偶的人，其在婚姻关系存续期间又与他人成立婚姻关系；另一类是无配偶的人，但其明知他人有配偶而与之结婚，即在单身情况下，仍然可能会构成重婚罪。第二，重婚罪是一种故意犯罪，要求主观方面为直接的故意，即明知他人有配偶或者自己有配偶而故意与之结婚，如果无配偶一方确实不知他方有配偶而与之结婚的，不构成重婚罪。第三，重婚罪既是自诉罪也是公诉罪。重婚罪被害人如果有确凿的证据，可以直接向人民法院提起自诉，在证据不足的情况下，人民法院应当移送公安机关立案侦查，被害人还可以选择向公安机关控告，再由人民检察院提起公诉。

自测小题

选择：下列哪些情形构成重婚？（ ）①

A. 王某在未解除婚姻关系的前提下又与他人结婚

B. 罗某单身，与有婚姻关系的张某为了规避重婚而选择在罗某居住地的民政局登记结婚

C. 陈某被一已婚男子欺骗，该男子声称自己单身，陈某在不知情的情况下而与之办理结婚登记

D. 单身的洪某与一已婚男子未办理结婚登记，但一直保持着同居关系

保姆虐待婴幼儿，要承担刑事责任吗?

案例实录

高女士因怀孕在家休假待产，几个月后迎来了宝宝的出生。高女士认为待产期间花费较大，以后孩子的成长教育所需的花费也是一笔不小的开支，于是决定尽快重新进入工作岗位。由于双方的父母都没有和自己住在一起，孩子尚在哺乳阶段，需要人照料，于是在一家育婴机构找了一个专门照顾孩子的保姆周某。一次高某下班后发现孩子身上有瘀青，怀疑是周某捏掐导致的，于是在家安装了摄像头。结果摄像头拍到在高某夫妇上班离开后，周某会无端地殴打孩子，还将孩子往高处抛起，给孩子换衣服时还会暴力地拉扯孩子，使孩子重重摔

① 解答：AB。

在地上，任由孩子哭泣。经调查，周某因不满高某对其工作进行批评，将不满的情绪转移到了孩子身上，才实施了此种恶劣的行为。高某认为周某这是虐待行为，应当承担刑事责任。那么，周某这种行为是虐待婴幼儿的行为吗？需要承担刑事责任吗？

律师分析

保姆作为受雇人，受托对婴幼儿进行看护和照顾，本应按照合同的约定尽到自己的看护义务，但是其不仅未能完成本职工作，尽到勤勉忠实的义务，反而将个人不满情绪发泄在婴儿身上。这既是对合同约定义务的违反，也是对婴儿人身的伤害。根据《民法典》第一千一百七十九条的规定，侵害他人造成人身损害的，应当承担相应的侵权责任。根据《刑法》第二百六十条之一的规定，虐待婴幼儿情节严重、性质恶劣的，应当承担相应的刑事责任。本案中，周某趁高某夫妻上班期间，对尚在哺乳阶段的孩子实施了粗鲁、暴力的行为，导致孩子身上出现瘀青等外伤，如果孩子经过检查，医院诊断其遭受了更严重的其他伤害，育婴机构应当承担侵权损害赔偿责任，其后可以向周某追偿。此外，除了民事责任外，周某的行为因为其性质极其恶劣，已经涉嫌构成虐待被监护人、看护人罪，公安机关应当介入该案件进行调查，根据调查结果将其移交人民检察院提起公诉。

法条链接

《中华人民共和国刑法》

第二百六十条之一　对未成年人、老年人、患病的人、残疾人等负有监护、看护职责的人虐待被监护、看护的人，情节恶劣的，处三年以下有期徒刑或者拘役。

单位犯前款罪的，对单位判处罚金，并对其直接负责的主管人员和其他直接责任人员，依照前款的规定处罚。

有第一款行为，同时构成其他犯罪的，依照处罚较重的规定定罪处罚。

温馨提示

教师虐待学生、养老院工作人员虐待老人等事件的报道，引起了社会的关注。在《刑法修正案（九）》之前，只有传统的虐待罪，其行为主体仅限于家庭成员之间，家庭成员以外人员无法构成虐待罪，针对非家庭成员之间的虐待行为有明确的条款进行规制。为了抑制、杜绝该类事件，《刑法修正案（九）》在虐待罪的基础上增加了该条款，该条款的行为主体是与受害者建立监护、看护关系的人员，其怠于履行监护、看护义务，情节恶劣，造成了严重的后果。在对该条进行理解时，应当注意虐待行为不仅包括实施积极的作为，如殴打、伤害等加害行为，也包括消极的不作为，如不及时履行看护义务，使被监护、看护人员挨饿，有病不给医治，造成严重后果的行为。此外，在对其进行严重后果的评估和鉴定时，还应当将精神损害纳入评估范畴，以此更全面地保障这类弱势群体的利益。

自测小题

选择：下列哪些情形属于虐待被监护人、看护人？（　）[1]

A. 由于小孩性格顽劣，家长教训、管教小孩

B. 养老院的孙某因老年痴呆，大小便无法自理，福利院护工姜某因经常给孙某换洗，认为孙某故意刁难自己，便产生怨恨心理，经常不给孙某饭吃

C. 小军刚上幼儿园，并未养成午睡的习惯，幼儿园安排刘某在小朋友午睡时进行照看，小军在幼儿园的第一天睡不着，便在床上蹦

---

① 解答：BC。

来蹦去，刘某在多次哄劝后仍然无效，便扇了小军几个耳光

D. 王某是一名国企退休员工，在退休后因脑梗而瘫痪在床，其子因母亲可观的退休金而将母亲接到自己家进行照顾。但是在将母亲接回自己家后经常对其打骂，并私吞其退休金

第四章

侵犯财产的犯罪

拿前女友的不雅照片去向前女友索要巨款的，构成什么罪？

案例实录

张某和王某曾是一对情侣，在恋爱期间拍了很多亲密照，但两人经常因为琐事吵得不可开交，王某遂向张某提出分手。分手 2 个月后，张某得知王某有了新的男朋友，顿时怒火中烧，他怀疑王某当时是因为有了新欢才和自己分手，于是伺机报复王某。张某私下约王某见面，拿出许多王某的不雅照片，称如果王某给他 10 万元他就可以彻底删除这些照片，否则他会将这些照片寄给王某的现男友。王某十分害怕，不知该如何是好，于是将这件事告诉朋友，问朋友的意见。朋友告诉王某，张某的这种行为涉嫌犯罪，让王某赶紧报警处理。

律师分析

案例中的张某拿着王某的照片索要巨款的行为，构成敲诈勒索罪。敲诈勒索指的是以非法占有为目的，使用恐吓或威胁的方法，使被害人基于恐惧心理交出公私财物的行为。张某称若王某不拿出 10 万元，他就将照片寄给王某的现男友，这是一种威胁，其目的是非法占有王某的财物，而这种威胁给王某造成了心理压力，使她产生了恐惧心理。因此，张某的行为系敲诈勒索，并且属于《刑法》第二百七十四条规定的情况，构成敲诈勒索罪，应当负相应的刑事责任。当然，并不是所有的敲诈勒索行为都构成敲诈勒索罪，在刑法中，敲诈勒索公私财物数额较大或者多次敲诈勒索的，才可能构成敲诈勒索罪。

本案中，虽然王某尚未交出10万元，但这不影响张某罪名的成立，张某已经使用威胁的方法非法向王某索要巨款，使王某产生恐惧心理，构成敲诈勒索罪。若王某基于这种恐惧心理向张某交出10万元，则张某构成敲诈勒索罪的既遂；若王某没有向张某交出10万元，则张某构成敲诈勒索罪的未遂。既遂与未遂状态影响的是张某的量刑，但不影响罪名成立。

法条链接

《中华人民共和国刑法》

第二百七十四条　敲诈勒索公私财物，数额较大或者多次敲诈勒索的，处三年以下有期徒刑、拘役或者管制，并处或者单处罚金；数额巨大或者有其他严重情节的，处三年以上十年以下有期徒刑，并处罚金；数额特别巨大或者有其他特别严重情节的，处十年以上有期徒刑，并处罚金。

《最高人民法院、最高人民检察院关于办理敲诈勒索刑事案件适用法律若干问题的解释》

第一条　敲诈勒索公私财物价值二千元至五千元以上、三万元至十万元以上、三十万元至五十万元以上的，应当分别认定为刑法第二百七十四条规定的“数额较大”、“数额巨大”、“数额特别巨大”。

各省、自治区、直辖市高级人民法院、人民检察院可以根据本地区经济发展状况和社会治安状况，在前款规定的数额幅度内，共同研究确定本地区执行的具体数额标准，报最高人民法院、最高人民检察院批准。

温馨提示

敲诈勒索是利用被害人恐惧、害怕的心理，使其被迫交出财物。无论行为人是声称要揭发或者实施某种让被害人害怕的行为，还是声称要伤害某些和被害人有关系的人，只要以此为由强行非法索要数额较大的财物，都属于敲诈勒索。当我们遇到敲诈勒索时，一定要及时报警，让行为人接受法律的惩罚。

自测小题

选择：下列哪些行为构成敲诈勒索罪？（ ）①

A. 甲在某超市买的食品过期，甲在跟超市负责人协商过程中声称要举报该超市，于是超市负责人向甲赔偿了500元

B. 甲在某餐馆就餐后的第二天，谎称因餐馆食物不新鲜导致他腹泻，要求老板支付3000元医药费，否则就砸坏餐馆桌椅，老板被逼无奈向甲支付3000元

C. 甲被公司辞退后，要求公司补偿5万元，否则就将公司的商业秘密卖给其他公司

D. 甲欠乙5万元一直未还，乙声称若甲再不还钱就到甲的工作单位去宣扬他欠钱不还的事情，甲内心十分害怕

与他人发生矛盾后，故意将他人的豪车玻璃全部砸碎的，构成犯罪吗？

案例实录

谢某和同事聚餐后走在回家路上，路边有许多积水，一辆豪车经

① 解答：BC。

过时溅了谢某一身水，谢某顿时火冒三丈，但豪车已经扬长而去。当谢某走到前面路口时，发现这辆车就停在路边，这时略带酒意的谢某越想越气，把车主从车里叫出来理论了一番，但车主见他浑身酒气并未向他道歉，双方大吵一架后车主便走进了旁边的写字楼。谢某趁车主不在，从旁边捡起砖头就向车玻璃砸去，将豪车的车玻璃全部砸碎。车主办完事出来看到如此情形，赶紧拨打 110 报警，车主称车玻璃的维修费用达 10 多万元。谢某砸碎车玻璃的行为是否构成犯罪？

律师分析

案例中谢某砸碎全部车玻璃，若修理费用达 10 多万元，则谢某构成故意毁坏财物罪。人们通常认为损坏了别人的东西赔偿就可以了，其实不然，若故意毁损他人财物达到一定数额是构成刑事犯罪的。《刑法》第二百七十五条明确规定，故意毁坏公私财物数额较大的构成故意毁坏财物罪。在故意毁坏财物案件中，刑事立案的追诉标准为 5000 元以上。上述案例中，谢某与车主大吵一架后出于报复心理将其车玻璃全部砸碎，从他当时的心态来说是故意为之，并且确实造成了车主的实际损失。车主修理车玻璃的实际费用为 10 多万元，已经达到刑事案件立案追诉标准，并且谢某所造成的损失显然已经达到“数额较大”的标准，因此谢某构成故意毁坏财物罪，应当依照法律规定承担相应的刑事责任。

法条链接

《中华人民共和国刑法》

第二百七十五条　故意毁坏公私财物，数额较大或者有其他严重情节的，处三年以下有期徒刑、拘役或者罚金；数额巨大或者有其他特别严重情节的，处三年以上七年以下有期徒刑。

《最高人民检察院、公安部关于公安机关管辖的刑事案件立案追诉标准的规定（一）》

第三十三条　故意毁坏公私财物，涉嫌下列情形之一的，应予立案追诉：

（一）造成公私财物损失五千元以上的；

（二）毁坏公私财物三次以上的；

（三）纠集三人以上公然毁坏公私财物的；

（四）其他情节严重的情形。

温馨提示

我们在日常与人交往的过程中不可意气用事，因一时之气毁损他人的财物，达到一定金额要承担刑事责任，得不偿失。同时，若自己的财物被他人毁损，也不可以牙还牙，而要运用法律武器维护自己的合法权益，使行为人为自己的过错承担责任。

自测小题

选择：下列哪些行为构成故意毁坏财物罪？（　）①

A. 甲与乙是同事，甲不慎将乙价值 1 万元的玉镯摔碎

B. 甲与乙是男女朋友，在一次吵架中，甲一气之下将乙价值 3000 元的手机摔碎在地上

C. 甲与乙因琐事发生口角，半夜甲在乙的鱼塘中倒入农药，导致上万斤鱼全部被毒死

D. 甲因被公司辞退心生怨恨，将公司几台电脑砸坏，造成公司损失 3 万元

---

① 解答：CD。

持仿真枪去抢劫路人，构成持枪抢劫吗？

案例实录

王某某天网购了一把仿真枪想打鸟玩，但是仿真枪的性能不好，打鸟也不顺利，这让他很烦躁。王某近日手头缺钱，想到拿仿真枪去吓唬路人，趁机抢点钱。某日凌晨，王某看到有个女生独自一人行走在大街上，他从背后挟制住这个女生，并用仿真枪指着她说："把你的包给我，不然小心我的枪。"女生看到手枪十分害怕，乖乖交出自己的手提包。等王某逃跑之后，女生赶紧去报警，称手提包里有手机、首饰和现金若干。警方通过查询监控将王某抓获，找回手提包，并缴获王某的仿真枪。那么，持仿真枪去抢劫路人，构成持枪抢劫吗？

律师分析

王某持仿真枪去抢劫路人，构成持枪抢劫。《刑法》第二百六十三条规定，以暴力、胁迫或者其他方法抢劫公私财物的构成抢劫罪。在上述案例中，王某对被害人进行威胁，抢劫被害人的财物，构成抢劫罪，应当承担刑事责任。而王某在进行抢劫时，携带自己的仿真枪，并将仿真枪当作真枪对被害人进行威胁，使被害人不敢反抗，被害人基于对手枪的恐怖心理交出了自己的财物。王某的仿真枪虽然不是真枪，但是实际上对被害人造成了如同真枪的心理压力，因此王某的这种行为应当属于持枪抢劫。根据《刑法》第二百六十三条的规定，持枪抢劫的，处10年以上有期徒刑、无期徒刑或者死刑，并处罚金或者没收财产，这属于抢劫罪加重处罚的情形。

法条链接

《中华人民共和国刑法》

第二百六十三条　以暴力、胁迫或者其他方法抢劫公私财物的，处三年以上十年以下有期徒刑，并处罚金；有下列情形之一的，处十年以上有期徒刑、无期徒刑或者死刑，并处罚金或者没收财产：

（一）入户抢劫的；

（二）在公共交通工具上抢劫的；

（三）抢劫银行或者其他金融机构的；

（四）多次抢劫或者抢劫数额巨大的；

（五）抢劫致人重伤、死亡的；

（六）冒充军警人员抢劫的；

（七）持枪抢劫的；

（八）抢劫军用物资或者抢险、救灾、救济物资的。

温馨提示

公私财物受法律保护，我们不能因为一时糊涂走上犯罪道路，一旦抢劫他人财物，无论金额大小都可能构成抢劫罪；若携带仿真枪进行抢劫，虽不属于真枪，但同样可以构成持枪抢劫，刑罚也会加重。当遇到抢劫时，应当先保护自己的人身安全，然后报警维护自己的合法权益。

自测小题

判断：甲夜晚在公园抢劫乙的一部手机，当天被警方抓获。警方发现甲的背包里有一把仿真枪，但甲称抢劫乙时没有把枪拿出来，也没有用枪威胁乙。那么，甲构成持枪抢劫。（　）①

① 解答：错误。

谎称帮助办理取保候审收取钱财，构成诈骗吗?

案例实录

小陈的父亲近日因出售假冒伪劣产品被公安机关刑事拘留，家人心急如焚，不知道该如何处理。小陈从公安局了解情况后，打算去找律师进行咨询，刚出来就被一个自称姓王的人叫住了。王某声称自己在公安局里“有关系”，可以帮小陈的父亲办取保候审，这样“人就出来了”，但是需要6万元。小陈半信半疑，王某又说他认识公安局里的某人，小陈一听这正是主办父亲案件的警官，于是像抓到救命稻草赶紧给他转了6万元。几天后，小陈想询问办理结果，但对方的电话早已关机，人也不知去向。王某谎称帮助办理取保候审收取钱财的行为构成诈骗吗?

律师分析

王某谎称帮助办理取保候审收取钱财的行为构成诈骗罪。诈骗，指的是用虚构事实或者隐瞒真相的方法，使被害人陷入错误的认识，并基于这种错误的认识处分财产。本案中，王某利用小陈焦急的心理，谎称自己认识办案警察，骗取小陈的信任，属于虚构事实；小陈信以为真后向王某支付6万元，是基于错误的认识处分财产，随后王某不知所踪，符合诈骗的特征。《刑法》第二百六十六条对诈骗罪作出规定，诈骗公私财物数额较大的构成诈骗罪，应当承担相应的刑事责任。根据《最高人民法院、最高人民检察院关于办理诈骗刑事案件具体应用法律若干问题的解释》第一条的规定，诈骗公私财物价值3万元至10万元以上的属于“数额巨大”。王某收取小陈6万元已经达到“数额巨大”，构成诈骗罪，应当依照刑法规定承担刑事责任。

法条链接

《中华人民共和国刑法》

第二百六十六条　诈骗公私财物，数额较大的，处三年以下有期徒刑、拘役或者管制，并处或者单处罚金；数额巨大或者有其他严重情节的，处三年以上十年以下有期徒刑，并处罚金；数额特别巨大或者有其他特别严重情节的，处十年以上有期徒刑或者无期徒刑，并处罚金或者没收财产。本法另有规定的，依照规定。

《最高人民法院、最高人民检察院关于办理诈骗刑事案件具体应用法律若干问题的解释》

第一条　诈骗公私财物价值三千元至一万元以上、三万元至十万元以上、五十万元以上的，应当分别认定为刑法第二百六十六条规定的“数额较大”、“数额巨大”、“数额特别巨大”。

各省、自治区、直辖市高级人民法院、人民检察院可以结合本地区经济社会发展状况，在前款规定的数额幅度内，共同研究确定本地区执行的具体数额标准，报最高人民法院、最高人民检察院备案。

温馨提示

在日常生活中遇到法律问题应及时咨询专业人士，采用正确方法，通过正当的途径解决问题、行使权利，不可轻信他人所谓的“关系”，以免落入诈骗的陷阱。同时，在类似问题的处理上应当保持冷静，提高辨别能力，加强防范意识，遇到诈骗及时报警。

自测小题

选择：下列哪些行为构成诈骗罪？(　　)①

① 解答：BCD。

A. 甲将一块价值3万元的翡翠放在店中出售，标价6万元，乙买下该翡翠，则甲构成诈骗罪

B. 乙将一个仿古做的花瓶当作文物以50万元的价格卖给甲，则乙构成诈骗罪

C. 乙将丙打伤，甲找到乙，谎称代丙向乙索要5000元医药费，否则丙就要起诉乙，乙将5000元交给甲后被甲据为已有，则甲构成诈骗罪

D. 甲谎称乙的信用卡有不良信息记录，若乙拿出3万元可以帮乙解决，乙遂向甲支付3万元，则甲构成诈骗罪

带头哄抢倾翻的大货车，导致货车司机损失惨重，构成犯罪吗?

案例实录

近日，一辆载满冷冻猪肉的大货车在路边发生侧翻，满车的冷冻猪肉散落一地，附近村民赵某看到后动了心思，但是他担心自己一个人不好下手，于是打电话给亲戚朋友，召集一众村民来到事发路段进行哄抢。大家有的骑电动三轮车，有的甚至直接开车过来抢猪肉，车主一直在喊不要抢了，但是没有人停下来，全车价值20万元的货物全部被抢走。车主报警后，警察对周边村民进行调查，并查获赵某及村民所抢猪肉。赵某带头哄抢倾翻的大货车，导致货车司机损失惨重，构成犯罪吗?

律师分析

本案中，赵某带头哄抢大货车导致货车司机损失惨重的行为，构成聚众哄抢罪。聚众哄抢，即聚集多人公然对他人的公私财物进行哄抢，侵犯了他人的合法权益，同时破坏了正常的社会秩序。在日常生活中，人们总是有一种“法不责众”的侥幸心理，认为只要人多就不会受到惩罚，其实不然。《刑法》第二百六十八条对聚众哄抢罪作出了明

确规定，聚众哄抢达到数额较大或者有其他严重情节的，首要分子和积极参加的要承担相应的刑事责任。在上述案例中，赵某发现货车侧翻后召集许多村民去哄抢猪肉，在这起哄抢事件中起到组织作用，属于哄抢行为的首要分子。不同地区对于“数额较大”“数额巨大”有不同的标准，若达到当地“数额较大”或“数额巨大”标准，则赵某应依照刑法规定承担刑事责任。同样，其他村民即使不构成刑事犯罪，也违反了《治安管理处罚法》，可能被处以行政拘留或者罚款。

法条链接

《中华人民共和国刑法》

第二百六十八条　聚众哄抢公私财物，数额较大或者有其他严重情节的，对首要分子和积极参加的，处三年以下有期徒刑、拘役或者管制，并处罚金；数额巨大或者有其他特别严重情节的，处三年以上十年以下有期徒刑，并处罚金。

温馨提示

在遇到类似案例中的情况时切不可为贪小便宜而加入哄抢队伍，更不能有“法不责众”的侥幸心理召集他人参加哄抢，这样的从众心理不可取。我们要尊重他人的合法权益，不能以身试法，一旦违法就要付出惨痛的代价。

自测小题

判断：小何下班路上看到前面路口堵车，走到路口发现是一辆货车发生交通事故，车上一筐一筐的橘子散落一地，许多人都在低头哄抢橘子。小何趁乱也往书包里装了几个橘子，那么小何构成聚众哄抢罪。(　　)[1]

---

① 解答：错误。

老板转移财产，不给员工发工资，构成犯罪吗？

案例实录

孙某是某市一家建筑公司的老板，其公司所承包的一项工程已经竣工验收，但孙某迟迟不给工人发工资，反而偷偷转移公司财产，想以公司资金不足为由拒绝支付工资。20 多个工人共计 80 余万元工资未发放，这让工人们心急如焚。与孙某协商未果后，他们找到当地人力资源和社会保障局反映情况。人力资源和社会保障局经核实依法对该公司作出《劳动保障监察限期整改指令书》，但该公司逾期未履行。因此，人力资源和社会保障局将该案移交公安机关处理。那么，孙某转移财产，不给员工发工资，构成犯罪吗？

律师分析

本案中，孙某转移财产，不给员工发工资的行为构成拒不支付劳动报酬罪。孙某以转移公司财产的方法逃避支付工人工资达 80 余万元，并且经当地人力资源和社会保障局作出指令书后仍不支付，已经触犯我国刑法相关规定。《刑法》第二百七十六条之一明确规定，以转移财产、逃匿等方法逃避支付劳动者的劳动报酬，数额较大，经政府有关部门责令支付仍不支付的，构成拒不支付劳动报酬罪。因此，上述案例中的孙某作为公司老板，转移财产拒绝给工人发放工资达 80 余万元，经有关部门责令后仍未支付，构成拒不支付劳动报酬罪，应当按照第二百七十六条之一的规定承担刑事责任。孙某作为公司直接责任人员，应当被处以 3 年以下有期徒刑或者拘役，并处或者单处罚金，若造成其他严重后果，则将被处以 3 年以上 7 年以下有期徒刑，并处罚金。除了孙某，公司也可能被判处罚金。即便如此，我国刑法仍然给了当事人一定的缓和空间，若在对公司提起公诉之前，公司主动支付劳动者报酬并承担赔偿责任，可以对其减轻或者免除处罚。

法条链接

《中华人民共和国刑法》

第二百七十六条之一　以转移财产、逃匿等方法逃避支付劳动者的劳动报酬或者有能力支付而不支付劳动者的劳动报酬，数额较大，经政府有关部门责令支付仍不支付的，处三年以下有期徒刑或者拘役，并处或者单处罚金；造成严重后果的，处三年以上七年以下有期徒刑，并处罚金。

单位犯前款罪的，对单位判处罚金，并对其直接负责的主管人员和其他直接责任人员，依照前款的规定处罚。

有前两款行为，尚未造成严重后果，在提起公诉前支付劳动者的劳动报酬，并依法承担相应赔偿责任的，可以减轻或者免除处罚。

温馨提示

用人单位应尊重劳动者的合法权益，若无正当埋由拒不支付劳动者劳动报酬，用人单位和其主要负责人可能构成刑事犯罪，需要承担刑事责任。而劳动者在遇到此种情况时，应当采取正确的方法维护自己的合法权益。

自测小题

选择：下列关于拒不支付劳动报酬罪的说法正确的是（　）[①]

A. 甲系公司负责人，以工人在工作中犯错为由拒绝向工人支付工资，甲构成拒不支付劳动报酬罪

① 解答：B。

B. 乙系公司老板，公司有能力支付工资，但对员工谎称公司资金不足，不给员工发放工资，若要构成拒不支付劳动报酬罪，还需满足数额较大及经政府有关部门责令支付仍不支付两个条件

C. 单位不能构成拒不支付劳动报酬罪

D. 丙公司以转移财产的方法拒不支付劳动者劳动报酬 30 万元，经当地政府部门责令支付后仍未支付，被公安机关立案侦查。在被提起公诉前，丙公司主动支付了拖欠的劳动报酬，则丙公司不构成拒不支付劳动报酬罪

村长指使村委会会计挪用扶贫款给村委会修建办公楼，构成什么罪？

案例实录

某村是全县有名的贫困村，村民贫困率较高，在扶贫政策下，国家给该村拨付扶贫款 30 万元。在扶贫款到账后，该村村长刘某动了歪心思，他认为村民们不知道具体政策是什么，少给他们点钱也不会有人发现，而村委会的办公楼年久失修一直没有资金修葺，于是指使村委会会计高某挪用了扶贫款 20 万元，用于修葺村委会办公楼。由于扶贫款被挪用，导致该村贫困村民所得补助不够，贫困率仍居高不下。在上级部门审查扶贫情况时，发现该村账目问题，刘某被调查。那么，刘某指使村委会会计挪用扶贫款给村委会修建办公楼的行为，构成什么罪？

律师分析

刘某指使村委会会计挪用扶贫款给村委会修建办公楼的行为，构成挪用特定款物罪。挪用特定款物，指的是违反国家特定款物专用的

管理制度，将用于救灾、抢险、防汛、优抚、扶贫、移民、救济款物挪作他用，犯罪主体是在国家机关单位中支配、管理特定款物的主管人员等直接责任人员。《刑法》第二百七十三条对挪用特定款物罪作出了规定，若情节严重，给国家和人民群众利益造成重大损害，要承担相应的刑事责任。在挪用特定款物罪中，将特定款项挪作他用指的是未经批准擅自将国家特定款物挪作其他公用，若归个人使用则可能构成挪用公款罪。在上述案例中，刘某指使会计，将国家的扶贫款项用于修葺办公楼，违反了国家的管理制度，使得该村村民未能得到足够的补助，给扶贫工作带来不良影响，给国家和人民利益造成重大损害，因此，刘某的行为构成挪用特定款物罪。

法条链接

《中华人民共和国刑法》

第二百七十三条　挪用用于救灾、抢险、防汛、优抚、扶贫、移民、救济款物，情节严重，致使国家和人民群众利益遭受重大损害的，对直接责任人员，处三年以下有期徒刑或者拘役；情节特别严重的，处三年以上七年以下有期徒刑。

温馨提示

国家对于特定款物有专门的管理制度，特定款物对人民群众来说具有重要意义，可以帮助群众战胜困难，维护社会稳定。任何人、任何单位未经批准擅自将特定款物挪作他用，若给国家和人民群众造成重大损失，则构成挪用特定款物罪，要依法承担刑事责任。

自测小题

选择：下列情形中，构成挪用特定款物罪的是（　）[1]

A. 某村委会主任将给贫困户的慰问品变卖，用于购置办公用品

B. 某财政局局长将上级拨付的100万元救济款用于给单位购置高级公务用车，此事一经报道，在社会造成恶劣影响

C. 某住建局工作人员将上级拨付的30万元防汛款项中的8万元用于给自己购买房屋

D. 某市党委书记将上级拨付的50万元扶贫款项中的10万元借给自己的亲友

盗窃被人发现后暴力抵抗的，构成抢劫罪吗？

案例实录

梅梅高考失利，没有考上理想的大学，对于继续求学失去信心，于是在父母的帮助下开了一家服装店。这天，店里生意特别好，顾客来来往往，梅梅有点应接不暇。这时，经常在这一片区域游荡的社会青年大明走进了店里。梅梅忙于照顾生意，就没有搭理大明。大明趁着梅梅在向客人介绍衣服，走到收银台边上，悄悄拿起梅梅放在收银台上的钱包。大明拿起钱包还没走出店门就被发现了。梅梅拦住他，不让他出门，大明就把梅梅打倒在地，打得梅梅半天没有起来。请问大明的行为构成抢劫罪吗？

律师分析

本案中，大明的行为构成抢劫罪。抢劫罪是指对财物的所有人、

---

① 解答：B。

保管人当场使用暴力、胁迫或其他方法并以非法占有为目的，强行将公私财物抢走的行为。而盗窃罪是指以非法占有为目的，盗窃公私财物数额较大或者多次盗窃、入户盗窃、携带凶器盗窃、扒窃公私财物的行为。本案中，社会青年大明趁梅梅不注意从收银台上偷走钱包，在此时他还只是构成盗窃罪，但是被发现后，他面对被害人的阻拦当场使用暴力，这时就由盗窃罪转化为抢劫罪。根据《刑法》关于转化型抢劫罪的相关规定可知，犯盗窃、诈骗、抢夺罪是构成转化型抢劫的基本条件，在此基础上为了窝藏赃物，抗拒抓捕或毁灭罪证而当场使用暴力或者以暴力相威胁的，构成抢劫罪。

法条链接

《中华人民共和国刑法》

第二百六十三条　以暴力、胁迫或者其他方法抢劫公私财物的，处三年以上十年以下有期徒刑，并处罚金；有下列情形之一的，处十年以上有期徒刑、无期徒刑或者死刑，并处罚金或者没收财产：

（一）入户抢劫的；

（二）在公共交通工具上抢劫的；

（三）抢劫银行或者其他金融机构的；

（四）多次抢劫或者抢劫数额巨大的；

（五）抢劫致人重伤、死亡的；

（六）冒充军警人员抢劫的；

（七）持枪抢劫的；

（八）抢劫军用物资或者抢险、救灾、救济物资的。

第二百六十九条　犯盗窃、诈骗、抢夺罪，为窝藏赃物、抗拒抓捕或者毁灭罪证而当场使用暴力或者以暴力相威胁的，依照本法第二百六十三条的规定定罪处罚。

温馨提示

转化型抢劫的前提条件是行为人有符合盗窃、诈骗、抢夺的行为性质，并不要求其构成这三类罪名，所以转化为抢劫之前的行为无论数额是否较大，无论是既遂还是未遂，都不影响其行为转化为抢劫罪。所以，转化型抢劫属于行为犯，只要实施了盗窃、诈骗、抢夺行为，后为窝藏赃物、抗拒抓捕或者毁灭罪证而当场使用暴力或以暴力相威胁，就以抢劫罪既遂论处。

自测小题

选择：构成转化型抢劫罪的条件是（　　）①

A. 行为人实施了盗窃、诈骗、抢夺行为

B. 行为人实施的盗窃、诈骗、抢夺行为构成犯罪

C. 行为人当场使用暴力或者以暴力相威胁

D. 行为人使用暴力或者以暴力相威胁的目的是窝藏赃物、抗拒抓捕或者毁灭罪证

挪用公司的钱去炒股构成什么罪?

案例实录

周某是某大型超市的采购员，平时都是周某确定采购的商品，给供应商开采购单，然后由财务小李根据采购单与供货商结算。有一段时间，小李家中有事，就临时让周某直接和供应商结算。一次，超市本来打算购入一批清洁产品，但是因为临时调整销售战略就搁置了。此时，周某已经手握采购这批清洁产品的资金5万元，但是财务没有

① 解答：ACD。

让其退还。时间一长，他就拿这笔钱炒股了，一个月后才被超市发现。周某的行为构成了什么罪？

律师分析

周某的行为构成挪用资金罪。《刑法》第二百七十二条规定了挪用资金罪的三种情形：（1）行为人主管、经手本单位资金，利用职务便利条件，为个人使用或者借贷给他人使用，而挪用本单位资金，超过3个月未还且数额较大的；（2）行为人利用职务便利挪用本单位资金，数额较大进行营利活动但没有超过3个月的；（3）为进行违法活动，而挪用本单位资金归个人使用或借贷给他人，该情形没有数额较大的限制，没有挪用时间是否超过3个月以及超过3个月是否退还的限制，主要是为了打击犯罪。本案中，周某挪用本单位资金归自己使用进行营利活动，数额巨大，因此构成非法挪用资金罪，属于第二种情形。

法条链接

《中华人民共和国刑法》

第二百七十二条　公司、企业或者其他单位的工作人员，利用职务上的便利，挪用本单位资金归个人使用或者借贷给他人，数额较大、超过三个月未还的，或者虽未超过三个月，但数额较大、进行营利活动的，或者进行非法活动的，处三年以下有期徒刑或者拘役；挪用本单位资金数额巨大的，处三年以上七年以下有期徒刑；数额特别巨大的，处七年以上有期徒刑。

国有公司、企业或者其他国有单位中从事公务的人员和国有公司、企业或者其他国有单位委派到非国有公司、企业以及其他单位从事公务的人员有前款行为的，依照本法第三百八十四条的规定定罪处罚。

有第一款行为，在提起公诉前将挪用的资金退还的，可以从轻或者减轻处罚。其中，犯罪较轻的，可以减轻或者免除处罚。

温馨提示

挪用资金罪中，行为人只要具备上述分析部分三种行为中的一种就可以构成本罪，而不需要同时具备。此外，挪用行为人主观上在于非法取得本单位资金的使用权，但不企图永久非法占有，而是准备用后退还。至于挪用资金后，客观上有能力退还，但主观上想永久非法占有，则以职务侵占罪定罪处罚。

自测小题

选择：关于挪用资金罪的构成要件，错误的是（　）[①]

A. 行为人主观上具有故意且不具有非法占有财物的目的

B. 犯罪主体是非国家工作人员

C. 客观方面表现为利用职务上的便利，挪用本单位资金归个人使用或者借贷给他人使用

D. 以利用职务上的便利为前提

① 解答：B。

第五章

破坏市场经济秩序的犯罪

向社会公众集资一定构成集资诈骗罪吗?

案例实录

陈某伙同杨某、崔某等人，在没有取得相关资质的情况下，以某影视传媒公司的名义，通过会议、培训和发展下线等方式向社会公众公开销售LCC币（全称为“LCC影视区块链虚拟货币”），并宣传该币只涨不跌，以高额回报为诱饵，吸引公众投资，并向部分投资者提供收款银行账户以及代为收款购买LCC币。事后，多名投资人（共计投资了120多万元）发现LCC币交易网站无法登录交易，察觉到不对，及时向公安机关报案，声称遭受集资诈骗。那么，向社会公众集资一定构成集资诈骗罪吗?

律师分析

集资诈骗罪是指以非法占有为目的，在未经有权机关批准的情况下，使用诈骗方法向社会公众募集资金（以下简称集资）且数额较大的行为。“以非法占有为目的”说明行为人在向社会公众集资时具有不归还集资款的意思，例如携带集资款逃匿，通过抽逃、转移资金、隐匿财产、隐匿、销毁账目、假破产、假倒闭或者拒不交代资金去向等方式逃避返还资金。集资诈骗是一种特殊的诈骗，除了和普通诈骗一样会侵害公私财物，更重要的是会侵害国家金融管理秩序，破坏社会主义经济秩序。司法实践中，一般人容易将集资诈骗罪与非法吸收公众存款罪混淆，因为两个罪名之间最本质的差别在于是否“以非法占有为目的”。换句话说，虽然非法吸收公众存款罪也是在未经有关机关批准下或者借用合法经营的形式公开向社会公众集资，但是在集资时会向公众承诺还本付息或者给予一定的回报，没有不归还集资款的意思。本案中，陈某、杨某等人在没有经过有关监管部门的批准下，擅自向社会公众销售 LCC 币，并宣称会有高额的回报，数额巨大，已构成非法吸收公众存款罪。所以，向社会公众集资不一定构成集资诈骗罪，有可能构成非法吸收公众存款罪。

法条链接

《中华人民共和国刑法》

第一百九十二条　以非法占有为目的，使用诈骗方法非法集资，数额较大的，处三年以上七年以下有期徒刑，并处罚金；数额巨大或者有其他严重情节的，处七年以上有期徒刑或者无期徒刑，并处罚金或者没收财产。

单位犯前款罪的，对单位判处罚金，并对其直接负责的主管人员和其他直接责任人员，依照前款的规定处罚。

温馨提示

在集资诈骗罪中，诈骗获得的集资数额不仅是定罪的重要标准，即要满足一定数额才能构成犯罪，也是量刑的主要依据，因为不同的数额分别对应三个不同的量刑幅度。根据《最高人民法院关于审理非法集资刑事案件具体应用法律若干问题的解释》的有关规定，“数额较大”指的是个人集资诈骗 10 万元以上的，单位集资诈骗 50 万元以上的；“数额巨大”指的是个人集资诈骗 30 万元以上的，单位集资诈骗 150 万元以上的；“数额特别巨大”指的是个人集资诈骗 100 万元以上的，单位集资诈骗 500 万元以上的。

自测小题

选择：下列向社会公众集资的行为，哪些构成集资诈骗罪？（ ）①

A. 甲以某公司名义虚构股票交易，在获得股民资金100万元之后携带集资款逃匿

B. 乙通过发行彩票的方式非法募集了50万元，后以抽逃方式逃避返还该笔资金

C. 丙在蛋鸡养殖经营过程中，为扩大养殖规模，获取客户资金投入，采取以明显低于市场价格供应鸡蛋收取预付款的方式，获得公众资金200万元

D. 丁因为公司资金需要周转，采取给付高息的方式向社会公众集资150万元，后因经营不善而导致无法还款

为他人虚开增值税专用发票，将构成何种犯罪?

案例实录

周某为了赚取税差，以他人名义在A省C县成立了一家公司。公司成立之后，周某在无真实货物交易的情况下，为7家公司共开具57份增值税专用发票，价税合计6276万元，税额911万元，受票单位用上述发票抵扣税款552万元。之后税务机关在一次例行抽查行动中，发现该公司存在为他人虚开增值税专用发票的行为，于是开展调查，并在调查结束后将有关的调查资料移送给公安机关。请问为他人虚开增值税专用发票，构成何种犯罪？

---

① 解答：AB。

律师分析

虚开增值税专用发票罪是指违反国家税收征管和发票管理规定，为他人虚开、为自己虚开、让他人为自己虚开或者介绍他人虚开增值税专用发票以骗取国家税款的行为。虚开的行为在实践中的表现有以下几种：(1) 在没有货物购销或者没有提供或接受应税劳务的情形下，开具增值税专用发票；(2) 在有货物购销或者提供或接受应税劳务的情形下，开具数量或者金额不实的增值税专用发票；(3) 进行了实际经营活动，但让他人为自己代开增值税专用发票，或者虚假填写不能反映纳税情况的有关内容。根据《最高人民法院关于虚开增值税专用发票定罪量刑标准有关问题的通知》的相关规定，虚开的税款数额在5 万元以上的可定罪处罚；虚开的税款数额在50 万元以上的认定为“数额较大”；虚开的税款数额在 250 万元以上的认定为“数额巨大”。这说明在虚开增值税专用发票罪中，虚开的税款数额既是定罪的重要标准，即要满足一定数额才能构成犯罪，也是量刑的主要依据。本案中，周某为了赚取税差，先成立公司，再联系票源，在明知没有真实货物交易的情形下，为他人虚开增值税专用发票以收取开票费，而受票单位用周某虚开的发票抵扣税款 552 万元，周某为他人虚开增值税专用发票的行为已构成虚开增值税专用发票罪。

法条链接

《中华人民共和国刑法》

第二百零五条　虚开增值税专用发票或者虚开用于骗取出口退税、抵扣税款的其他发票的，处三年以下有期徒刑或拘役，并处二万元以上二十万元以下罚金；虚开的税款数额较大或者有其他严重情节的，处三年以上十年以下有期徒刑，并处五万元以上五十万元以下罚金；虚开的税款数额巨大或者有其他特别严重情节的，处十年以上有期徒刑或者无期徒刑，并处五万元以上五十万元以下罚金或者没收财产。

单位犯本条规定之罪的，对单位判处罚金，并对其直接负责的主管人员和其他直接责任人员，处三年以下有期徒刑或者拘役；虚开的税款数额较大或者有其他严重情节的，处三年以上十年以下有期徒刑；虚开的税款数额巨大或者有其他特别严重情节的，处十年以上有期徒刑或者无期徒刑。

虚开增值税专用发票或者虚开用于骗取出口退税、抵扣税款的其他发票，是指有为他人虚开、为自己虚开、让他人为自己虚开、介绍他人虚开行为之一的。

《最高人民法院关于虚开增值税专用发票定罪量刑标准有关问题的通知》

二、在新的司法解释颁行前，对虚开增值税专用发票刑事案件定罪量刑的数额标准，可以参照《最高人民法院关于审理骗取出口退税刑事案件具体应用法律若干问题的解释》（法释〔2002〕30 号）第三条的规定执行，即虚开的税款数额在五万元以上的，以虚开增值税专用发票罪处三年以下有期徒刑或者拘役，并处二万元以上二十万元以下罚金；虚开的税款数额在五十万元以上的，认定为刑法第二百零五条规定的“数额较大”；虚开的税款数额在二百五十万元以上的，认定为刑法第二百零五条规定的“数额巨大”。

温馨提示

虚开增值税专用发票真正的危害在于抵扣税款，从而给国家税款造成损失，严重地破坏社会主义经济秩序。对于不以骗取税款为目的，将虚开的专用发票用于抵扣企业的经营成本，自我包装、虚增业绩以促成交易，或是出于挂靠、无法开票等原因而虚开专用发票，实际上未给国家税收造成损失的行为，司法实践中一般不会认定为构成虚开增值税专用发票罪，但这类行为有可能是一般的涉税违法行为，由税务机关给予行政处罚。

自测小题

选择：下列情形中构成虚开增值税专用发票罪的有哪些？（　）[①]

A. 甲在没有真实货物购销的情况下，为他人开具增值税专用发票以抵扣税款，收取高额手续费 20 万元

B. 乙与某公司签订了货物购销合同，但是为该公司开具了金额不实的增值税专用发票，乙获得手续费 5000 元，该公司抵扣税款 5 万元

C. 丙在公司的实际经营活动中，让他人为自己虚开增值税专用发票，获得税差 15 万元

D. 丁将他人为自己虚开的增值税专用发票用于抵扣企业的经营成本，没有造成税款损失

国际代购，也可能构成犯罪吗？

案例实录

2019 年 3 月，张某和刘某就合作国际代购奶粉项目达成一致。刘某负责从外国组织货源，并将奶粉空运至香港；张某负责从香港接收货物，并通过安排“水客”等方式将奶粉带到境内，发送给境内的收货人。当奶粉到达收货人处后，刘某需以每罐 20 元左右的价格向张某支付“清关”费用。2019 年 3 月至 2020 年 2 月，张某协助刘某完

① 解答：ABC。

成共计80345罐奶粉的国际代购。经海关相关部门核定，张某共计偷逃应缴纳税款2306900元。请问张某是否构成犯罪？如果是，其构成何种犯罪？

律师分析

张某构成走私普通货物罪。《刑法》第一百五十三条对走私普通货物、物品罪作出了规定，走私普通货物、物品需要达到一定的数额或情节才构成犯罪，根据行为人偷逃数额或者犯罪情节的不同，处以不同程度的刑罚，本条共规定了三个层次的情形。《最高人民法院、最高人民检察院关于办理走私刑事案件适用法律若干问题的解释》（以下简称《走私刑事案件司法解释》）中的第十六条至第十八条，对三个层次下走私的具体数额和具体情节进行了细化规定。因此，在实务中，判断行为人是否构成该罪，需将《刑法》第一百五十三条和《走私刑事案件司法解释》第十六条至第十八条结合起来看。例如，《州法》第一百五十三条第一款第二项规定走私货物偷逃应缴税额巨大的，处3年以上10年以下有期徒刑，并处偷逃应缴税额一倍以上五倍以下罚金。“偷逃应缴税额巨大”的标准是多少，具体规定在《走私刑事案件司法解释》的第十六条第一款，数额在50万元以上不满250万元。本案中，张某藐视国家法律，通过安排“水客”等方式，逃避海关的监管，协助刘某走私奶粉，偷逃应缴税款达2306900元，符合走私普通货物，偷逃应缴税额巨大的规定，构成走私普通货物罪。另外，本案中张某和刘某属于共同犯罪，张某起辅助作用，属于从犯，可以根据《刑法》第二十七条的规定酌情从轻或者减轻处罚。

法条链接

《中华人民共和国刑法》

第二十七条　在共同犯罪中起次要或者辅助作用的，是从犯。

对于从犯，应当从轻、减轻处罚或者免除处罚。

第一百五十三条　走私本法第一百五十一条、第一百五十二条、第三百四十七条规定以外的货物、物品的，根据情节轻重，分别依照下列规定处罚：

（一）走私货物、物品偷逃应缴税额较大或者一年内曾因走私被给予二次行政处罚后又走私的，处三年以下有期徒刑或者拘役，并处偷逃应缴税额一倍以上五倍以下罚金。

（二）走私货物、物品偷逃应缴税额巨大或者有其他严重情节的，处三年以上十年以下有期徒刑，并处偷逃应缴税额一倍以上五倍以下罚金。

（三）走私货物、物品偷逃应缴税额特别巨大或者有其他特别严重情节的，处十年以上有期徒刑或者无期徒刑，并处偷逃应缴税额一倍以上五倍以下罚金或者没收财产。

单位犯前款罪的，对单位判处罚金，并对其直接负责的主管人员和其他直接责任人员，处三年以下有期徒刑或者拘役；情节严重的，处三年以上十年以下有期徒刑；情节特别严重的，处十年以上有期徒刑。

对多次走私未经处理的，按照累计走私货物、物品的偷逃应缴税额处罚。

《最高人民法院、最高人民检察院关于办理走私刑事案件适用法律若干问题的解释》

第十六条　走私普通货物、物品，偷逃应缴税额在十万元以上不满五十万元的，应当认定为刑法第一百五十三条第一款规定的“偷逃应缴税额较大”；偷逃应缴税额在五十万元以上不满二百五十万元的，应当认定为“偷逃应缴税额巨大”；偷逃应缴税额在二百五十万元以上的，应当认定为“偷逃应缴税额特别巨大”。

走私普通货物、物品，具有下列情形之一，偷逃应缴税额在三十万元以上不满五十万元的，应当认定为刑法第一百五十三条第一款规定的“其他严重情节”；偷逃应缴税额在一百五十万元以上不满二百五十万元的，应当认定为“其他特别严重情节”：

（一）犯罪集团的首要分子；

（二）使用特种车辆从事走私活动的；

（三）为实施走私犯罪，向国家机关工作人员行贿的；

（四）教唆、利用未成年人、孕妇等特殊人群走私的；

（五）聚众阻挠缉私的。

第十七条　刑法第一百五十三条第一款规定的“一年内曾因走私被给予二次行政处罚后又走私”中的“一年内”，以因走私第一次受到行政处罚的生效之日与“又走私”行为实施之日的时间间隔计算确定；“被给予二次行政处罚”的走私行为，包括走私普通货物、物品以及其他货物、物品；“又走私”行为仅指走私普通货物、物品。

第十八条　刑法第一百五十三条规定的“应缴税额”，包括进出口货物、物品应当缴纳的进出口关税和进口环节海关代征税的税额。应缴税额以走私行为实施时的税则、税率、汇率和完税价格计算；多次走私的，以每次走私行为实施时的税则、税率、汇率和完税价格逐票计算；走私行为实施时间不能确定的，以案发时的税则、税率、汇率和完税价格计算。

刑法第一百五十三条第三款规定的“多次走私未经处理”，包括未经行政处理和刑事处理。

温馨提示

遵守海关规定，代购国家允许进出口的物品并不涉及违法犯罪，而偷逃海关关税代购国家允许进出口的物品，则构成走私。至于是否构成走私货物、物品罪，则要看其偷逃关税的数额，或者走私情节的严重程度。纳税是公民应尽的义务，公民个人或单位在经过海关时，也应自觉遵守海关规定，缴纳关税，维护社会主义市场经济秩序。

自测小题

选择：关于走私普通货物、物品罪，下列说法正确的是（　）[①]

A. 走私普通货物、物品，达到一定的数额或情节才构成犯罪

B. 走私奶粉，偷逃应缴数额 30 万元不构成走私普通货物、物品罪

C. 甲走私奶粉获益 3 万元，两年后再次走私获益 5 万元，甲不构成走私普通货物、物品罪

D. 走私即犯罪

窃取他人商业秘密的，构成犯罪吗？

案例实录

周某系甲公司总经理，杨某系乙公司技术研发人员。2019 年 3 月，周某与杨某相识，欲高薪聘请杨某到自己的公司任职。周某向杨某表示，若杨某能够将乙公司采取保密措施的“雨伞套装机”设计图纸带到甲公司，甲公司将为杨某提供与其在乙公司相同的工作岗位，且薪资待遇是其原来的 10 倍。当年 5 月，杨某从乙公司跳槽到甲公司，并将“雨伞套装机”设计图纸带到甲公司，交由工人装配生产。之后，甲公司生产出与乙公司具有同样功能的“雨伞装配机”销往全国各地。经鉴定，乙公司的“雨伞套装机”设计图纸所记载的具体技

① 解答：AC。

术参数的组合等属于《反不正当竞争法》所称“不为公众所知悉”的技术信息。甲公司的设计图纸与乙公司相同比例达80%。经审计，甲公司给乙公司造成损失共计约65万元。请问，周某和杨某是否构成犯罪?

律师分析

周某和杨某构成侵犯商业秘密罪。《刑法》第二百一十九条对侵犯商业秘密罪作出了规定，构成本罪需要同时满足以下三个条件:(1)相关技术信息属于商业秘密，即不为公众知悉，能够给权利人带来经济利益，具备实用性且经权利人采取了保密措施;(2)行为人实施了侵犯商业秘密的行为，即通过盗窃、诈骗、引诱等不正当手段获取商业秘密，并披露或使用;(3)给权利人造成重大损失。《最高人民法院、最高人民检察院关于办理侵犯知识产权刑事案件具体应用法律若干问题的解释》(以下简称《侵犯知识产权刑事案件司法解释》)第七条第一款规定了“重大损失”的数额标准，为50万元以上。“造成特别严重后果”属于本罪加重处罚的情形，《侵犯知识产权刑事案件司法解释》第七条第二款规定了其数额标准，为250万元以上。本案中，“雨伞套装机”设计图纸不为公众知悉，能够给乙公司带来经济利益，具有实用性且被乙公司采取保密措施，属于商业秘密。周某用给杨某支付其原来10倍的薪资作为筹码，引诱杨某窃取乙公司的设计图纸供甲公司使用，两人均实施了侵犯商业秘密的行为。两人窃取乙公司设计图纸的行为给乙公司共带来约65万元的经济损失，超过了本罪定罪的数额标准。综合上述分析，周某、杨某构成侵犯商业秘密罪，应对其判处3年以下有期徒刑或者拘役，并处或者单处罚金的幅度内量刑。

法条链接

《中华人民共和国刑法》

第二百一十九条　有下列侵犯商业秘密行为之一，情节严重的，处三年以下有期徒刑，并处或者单处罚金；情节特别严重的，处三年以上十年以下有期徒刑，并处罚金：

（一）以盗窃、贿赂、欺诈、胁迫、电子侵入或者其他不正当手段获取权利人的商业秘密的；

（二）披露、使用或者允许他人使用以前项手段获取的权利人的商业秘密的；

（三）违反保密义务或者违反权利人有关保守商业秘密的要求，披露、使用或者允许他人使用其所掌握的商业秘密的。

明知前款所列行为，获取、披露、使用或者允许他人使用该商业秘密的，以侵犯商业秘密论。

本条所称权利人，是指商业秘密的所有人和经商业秘密所有人许可的商业秘密使用人。

《最高人民法院、最高人民检察院关于办理侵犯知识产权刑事案件具体应用法律若干问题的解释》

第七条　实施刑法第二百一十九条规定的行为之一，给商业秘密的权利人造成损失数额在五十万元以上的，属于“给商业秘密的权利人造成重大损失”，应当以侵犯商业秘密罪判处三年以下有期徒刑或者拘役，并处或者单处罚金。

给商业秘密的权利人造成损失数额在二百五十万元以上的，属于刑法第二百一十九条规定的“造成特别严重后果”，应当以侵犯商业秘密罪判处三年以上七年以下有期徒刑，并处罚金。

温馨提示

商业秘密是一种特殊的知识产权，一旦被他人窃取，披露使用，就会使权利人遭受巨大的损失。企业的高管和技术人员应当遵守法律规定，响应政府号召，通过自己的技术研发或其他手段收获成果，不要采用非法手段获取他人的商业秘密。与此同时，企业也要加强对自身商业秘密的保护，提高知识产权意识。

自测小题

选择：关于侵犯商业秘密罪，下列说法错误的是（　）①

A. 窃取他人商业秘密并使用，构成侵犯商业秘密罪

B. 通过胁迫手段获取他人商业秘密，并披露给第三人，构成侵犯商业秘密罪

C. 通过引诱手段获取他人商业秘密，并披露给第三人，给权利人造成约60万元损失的，构成侵犯商业秘密罪

D. 商业秘密是指不为公众所知悉，能为权利人带来经济利益，具有实用性并经权利人采取保密措施的技术信息和经营信息

药店售卖不符合标准的医疗用品，构成犯罪吗？

案例实录

何某是直播测试伪劣产品的网红主播。某日，何某在袁某的药店购买标注为“医用外科防护眼镜”的产品并进行测试，但是测试的结果显示该产品不符合医用外科护目镜的国家标准，而且该眼镜质量不过关，会对眼睛造成一定的伤害。直播结束后，何某向当地电视台反

① 解答：AB。

映了该情况。后电视台记者经过调查发现，袁某明确知道该产品质量不合格，但为了获得更高的利润，将其向外售卖。那么，袁某的行为构成犯罪吗？

律师分析

袁某的行为构成生产、销售不符合标准的医用器材罪。根据《刑法》第一百四十五条的规定，生产不符合保障人体健康的国家标准、行业标准的医疗器械、医用卫生材料，或者销售明知是不符合保障人体健康的国家标准、行业标准的医疗器械、医用卫生材料，足以严重危害人体健康，构成生产、销售不符合标准的医用器材罪。本案中，袁某明知道自己售卖的眼镜不是符合国家标准的医用外科护目镜，却仍然将其标注为医用外科护目镜进行销售，构成了生产、销售不符合标准的医用器材罪，应当承担相应的刑事责任。

法条链接

《中华人民共和国刑法》

第一百四十五条　生产不符合保障人体健康的国家标准、行业标准的医疗器械、医用卫生材料，或者销售明知是不符合保障人体健康的国家标准、行业标准的医疗器械、医用卫生材料，足以严重危害人体健康的，处三年以下有期徒刑或者拘役，并处销售金额百分之五十以上二倍以下罚金；对人体健康造成严重危害的，处三年以上十年以下有期徒刑，并处销售金额百分之五十以上二倍以下罚金；后果特别严重的，处十年以上有期徒刑或者无期徒刑，并处销售金额百分之五十以上二倍以下罚金或者没收财产。

温馨提示

只要生产、销售不符合标准的医用器材，销售者属于明确知悉的状态，且该医疗用品足以对人体健康造成威胁，就有可能定罪。因此，在日常生产经营中，千万不可对生产或者销售不合格医用器材的行为抱有侥幸心理，一经发现，就将被严惩。

自测小题

判断：刘某生产不符合国家标准的劣质医用防护服，并伪造成符合国家标准的医用防护服进行销售，只要有关部门不发现，他就可以一直这样以次充好、以假充真。(　)①

恶意透支信用卡，是否需要承担刑事责任？

案例实录

刘某利用信用卡能够超前消费的特点，想要通过透支大肆消费，还不打算还钱。怀着这样的想法，刘某在银行办理了额度为 2 万元的信用卡，然后立即透支了 2000 元入住某豪华酒店，一周后，共到处购物消费，超额透支了 2 万余元。一个月后，刘某通过搬离原住址、更换手机号等行为逃避银行的多次催收，半年内未向银行还款。那么，刘某的行为是否需要承担刑事责任？

律师分析

刘某的行为构成了信用卡诈骗罪。根据《刑法》第一百九十六条的规定，信用卡的持卡人如果以非法占有为目的恶意透支信用卡，且经过银行两次催收后超过 3 个月仍不还钱，将构成信用卡诈骗罪。如果持卡人并非恶意透支，而是基于各种原因而未能按时还款，如手机号更换后未及时更新导致未能收到催收通知等，可以向法院主张其并

① 解答：错误。

非“以非法占有为目的”，不构成犯罪。但在上述案例中，刘某刻意搬家、换手机号以躲避银行催收的行为表明其并不想还钱，并且透支信用卡后半年内都未还款，明显属于恶意透支信用卡的行为，已经构成信用卡诈骗罪，需要承担相应的刑事责任。

法条链接

《中华人民共和国刑法》

第一百九十六条　有下列情形之一，进行信用卡诈骗活动，数额较大的，处五年以下有期徒刑或者拘役，并处二万元以上二十万元以下罚金；数额巨大或者有其他严重情节的，处五年以上十年以下有期徒刑，并处五万元以上五十万元以下罚金；数额特别巨大或者有其他特别严重情节的，处十年以上有期徒刑或者无期徒刑，并处五万元以上五十万元以下罚金或者没收财产：

……

（四）恶意透支的。

前款所称恶意透支，是指持卡人以非法占有为目的，超过规定限额或者规定期限透支，并且经发卡银行催收后仍不归还的行为。

……

《最高人民法院、最高人民检察院关于办理妨害信用卡管理刑事案件具体应用法律若干问题的解释》

第五条第一款　使用伪造的信用卡、以虚假的身份证明骗领的信用卡、作废的信用卡或者冒用他人信用卡，进行信用卡诈骗活动，数额在五千元以上不满五万元的，应当认定为刑法第一百九十六条规定的“数额较大”；数额在五万元以上不满五十万元的，应当认定为刑法第一百九十六条规定的“数额巨大”；数额在五十万元以上的，应当认定为刑法第一百九十六条规定的“数额特别巨大”。

第六条第一款 持卡人以非法占有为目的，超过规定限额或者规定期限透支，经发卡银行两次有效催收后超过三个月仍不归还的，应当认定为刑法第一百九十六条规定的“恶意透支”。

温馨提示

在现代技术的高速发展下，办理信用卡的流程一再简化，很多低额度的信用卡可以通过手机上的应用程序进行办理，但同时也出现了大量的信用卡诈骗案件。持卡人不仅需要谨慎地保护信用卡的信息，以防他人盗刷、伪造信用卡而损失大量的金钱，也需要谨记还款日期，不要恶意透支信用卡，在经过银行催收后应当尽快在限期内还钱，否则有可能承担刑事责任。

自测小题

选择：持卡人透支信用卡需要满足哪些条件才可能构成信用卡诈骗罪？（ ）[①]

A. 以非法占有为目的进行恶意透支

B. 经过银行一次有效催收

C. 经过银行两次有效催收

D. 银行两次催收后 3 个月内仍不还款

签订合同后只想拿钱不办事，构成何罪？

案例实录

韦某是某服装店老板，平日好赌，负债累累。某日，韦某心生一

① 解答：ACD。

计，借着进货之名，向熟悉的供货商按照正常程序订购了一批价值20万元的衣服，并通过关系要求供货商先发货，韦某后付款。韦某收到货后，立即转卖给另一家服装店，并将拿到手的22万元拿去赌博，以期大赚一笔，结果却将这笔钱全部输完。韦某无法还债，便连夜逃跑。后供货商联络不上韦某，遂报警。那么，韦某构成什么罪？

律师分析

韦某的行为构成合同诈骗罪。根据《刑法》第二百二十四条的规定，以非法占有为目的，签订合同，在收受对方财物后逃匿，涉嫌骗取对方当事人财物的，构成合同诈骗罪。本案中，韦某利用自己作为服装店老板的生意往来关系，诓骗供货商先发货，他后付款，但他在收到货后换取现金又去赌博，而非将现金用于支付货款，并在最后逃匿，其行为构成了合同诈骗罪，应当承担相应的刑事责任。

法条链接

《中华人民共和国刑法》

第二百二十四条　有下列情形之一，以非法占有为目的，在签订、履行合同过程中，骗取对方当事人财物，数额较大的，处三年以下有期徒刑或者拘役，并处或者单处罚金；数额巨大或者有其他严重情节的，处三年以上十年以下有期徒刑，并处罚金；数额特别巨大或者有其他特别严重情节的，处十年以上有期徒刑或者无期徒刑，并处罚金或者没收财产：

……

（四）收受对方当事人给付的货物、货款、预付款或者担保财产后逃匿的；

……

温馨提示

合同诈骗罪中，除了收受对方财物后逃匿的手段，一般还有以下几种常用手段：虚构单位或冒用他人名义，伪造变造虚假票据或产权证作为担保，用小额履行慢慢骗取对方信任，等等。因此，在日常生活中，大家签订合同时一定要擦亮眼睛，尽力核对对方情况的真实性，以防被骗。

自测小题

判断：水某对武某说："某投资项目很赚钱，你投10万元，3个月后就能还你20万元。"武某应当在核实其相关文件后再决定是否签订合同。(　)①

编造事故事实、骗取保险金的，需要承担刑事责任吗？

案例实录

2020年年初，柏某与吕某密谋制造虚假交通事故骗取保险金。2020年5月11日，柏某驾驶其白色小轿车在某酒店的停车场，按照事先与吕某商量好的撞击方式撞击了吕某的黑色小轿车，并向保险公司申请理赔，共从保险公司骗取赔偿金7万元。后保险公司调查员发现柏某有骗取保险金的嫌疑，遂报警。那么，柏某需要承担刑事责任吗？

律师分析

柏某的行为构成保险诈骗罪，吕某属于该罪的共犯，二人都要承担保险诈骗罪的刑事责任。根据《刑法》第一百九十八条的规定，以

---

① 解答：正确。

虚构保险标的、保险事故等方法骗取保险金的，构成保险诈骗罪。本案中，柏某与吕某以非法占有为目的，故意制造事故，造成车损并骗取保险金 7 万元，构成了保险诈骗罪。对于保险诈骗罪，除了本案中虚构保险事故的形式，一般还有以下几种形式：虚构保险财物，虚构事故原因和损失程度，故意制造事故，等等。只要行为人存在进行保险诈骗的活动，无论其采取何种方式，都将构成保险诈骗罪，要依法承担相应的刑事责任。

法条链接

《中华人民共和国刑法》

第一百九十八条　有下列情形之一，进行保险诈骗活动，数额较大的，处五年以下有期徒刑或者拘役，并处一万元以上十万元以下罚金；数额巨大或者有其他严重情节的，处五年以上十年以下有期徒刑，并处二万元以上二十万元以下罚金；数额特别巨大或者有其他特别严重情节的，处十年以上有期徒刑，并处二万元以上二十万元以下罚金或者没收财产：

……

（四）投保人、被保险人故意造成财产损失的保险事故，骗取保险金的；

（五）投保人、受益人故意造成被保险人死亡、伤残或者疾病，骗取保险金的。

有前款第四项、第五项所列行为，同时构成其他犯罪的，依照数罪并罚的规定处罚。

单位犯第一款罪的，对单位判处罚金，并对其直接负责的主管人员和其他直接责任人员，处五年以下有期徒刑或者拘役；数额巨大或者有其他严重情节的，处五年以上十年以下有期徒刑；数额特别巨大或者有其他特别严重情节的，处十年以上有期徒刑。

保险事故的鉴定人、证明人、财产评估人故意提供虚假的证明文件，为他人诈骗提供条件的，以保险诈骗的共犯论处。

温馨提示

保险具有非常深远的社会意义与经济意义，其很大的一个作用是分担社会风险，在一定程度上帮助事故受害人减少损失，并减轻社会负担。这就意味着，分担的风险与损害必须是真实的，保险设置的意义才能够落到实处。否则，如果将众多投保人用于分担风险的财产用以满足个人的私利，只不过是无耻的个人在窃取不义之财，这种人的行为必将受到法律的惩处。

自测小题

选择：下列哪些情形可能构成保险诈骗罪？（ ）①

A. 王某在路上偶然遇到交通事故，向保险公司索赔

B. 陈某虚构鉴定书，将自己画的画当作古画进行投保

C. 李某杀害配偶沈某并伪装成事故，向保险公司索赔

D. 苏某在发生交通事故后，故意再次撞车扩大车损，并向保险公司索赔

漏报、瞒报税收，逃避纳税义务的，构成何罪？

案例实录

2019年9月，某房产公司就公司销售商品房事项共申报纳税20

① 解答：BCD。

余万元。此后，从2019年10月开始到2020年7月，该公司通过伪造账簿等方式共漏报税额100余万元，已经占到应纳税额的80%。税务局于2020年5月开始进行催缴告知，但该公司一直置之不理，拒不缴税。那么，该房产公司的行为构成什么罪？

律师分析

该房产公司的行为构成了逃税罪。根据《刑法》第二百零一条的规定，纳税人或者扣缴义务人逃避纳税义务数额较大，超过应纳税额一定百分比的，构成逃税罪。本案中，房产公司明知自己应当缴纳的税额，却通过伪造账簿等方式漏报、瞒报，逃税数额达100余万元，已达到应纳税额的80%，而其在税务机关发现后仍不知悔改、不予补缴、拒绝缴税，构成了逃税罪，应当承担相应的刑事责任。

法条链接

《中华人民共和国刑法》

第二百零一条　纳税人采取欺骗、隐瞒手段进行虚假纳税申报或者不申报，逃避缴纳税款数额较大并且占应纳税额百分之十以上的，处三年以下有期徒刑或者拘役，并处罚金；数额巨大并且占应纳税额百分之三十以上的，处三年以上七年以下有期徒刑，并处罚金。

扣缴义务人采取前款所列手段，不缴或者少缴已扣、已收税款，数额较大的，依照前款的规定处罚。

对多次实施前两款行为，未经处理的，按照累计数额计算。

有第一款行为，经税务机关依法下达追缴通知后，补缴应纳税款，缴纳滞纳金，已受行政处罚的，不予追究刑事责任；但是，五年内因逃避缴纳税款受过刑事处罚或者被税务机关给予二次以上行政处罚的除外。

温馨提示

对于逃税罪，需要注意的是，入罪有数额限制，需要数额较大且至少占应纳税额10%以上。同时，对于纳税义务人偷税漏税的行为，税务机关会进行追缴，如果纳税义务人补缴税额、缴纳滞纳金并接受相应的行政处罚，则不用再追究其刑事责任。因此，如果在日常生产经营中因一念之差偷税漏税，一定要如实申报、如实补缴，以免承担刑事责任。

自测小题

判断：甲公司曾进行虚假纳税申报，在税务机关追缴时，其应当如实按照税务机关的要求进行补缴并缴纳滞纳金。(　)①

编造虚假信息扰乱证券市场，构成犯罪吗?

案例实录

严某是一名记者，其与远房表哥周某两人都持有某只股票X，但久久不见起色。某日，严某在某股票论坛中编造了一则信息，大意为由于某项目，股票X即将大涨，怂恿大家大量购入股票X，并声称该消息为某公司内部消息，绝对可靠。严某文笔良好，社会经验丰富，将该虚假消息编造得像模像样，导致股民听信了这则假消息，大量购入股票X，导致股票X价格异常波动，严重扰乱了证券市场。那么，严某的行为构成犯罪吗?

律师分析

严某的行为构成犯罪，涉嫌编造并传播证券、期货交易虚假信息

---

① 解答：正确。

罪。根据《刑法》第一百八十一条的规定，编造并且传播影响证券、期货交易的虚假信息，扰乱证券、期货交易市场，造成严重后果的，构成编造并传播证券、期货交易虚假信息罪。证券是各类财产所有权或债权凭证的通称，是用来证明证券持有人有权依据券面所载内容取得相应权益的凭证。股票是证券的一种，股票市场是否稳定在一定程度上体现了经济发展状况是否良好。本案中，严某为了私利，编造股票 X 即将大涨的虚假消息，传播广泛、取信者众多，最终导致股票 X 价格波动异常，严重扰乱了证券市场，破坏了金融管理秩序，构成了编造并传播证券、期货交易虚假信息罪，应当承担相应的刑事责任。

法条链接

《中华人民共和国刑法》

第一百八十一条　编造并且传播影响证券、期货交易的虚假信息，扰乱证券、期货交易市场，造成严重后果的，处五年以下有期徒刑或者拘役，并处或者单处一万元以上十万元以下罚金。

证券交易所、期货交易所、证券公司、期货经纪公司的从业人员，证券业协会、期货业协会或者证券期货监督管理部门的工作人员，故意提供虚假信息或者伪造、变造、销毁交易记录，诱骗投资者买卖证券、期货合约，造成严重后果的，处五年以下有期徒刑或者拘役，并处或者单处一万元以上十万元以下罚金；情节特别恶劣的，处五年以上十年以下有期徒刑，并处二万元以上二十万元以下罚金。

单位犯前两款罪的，对单位判处罚金，并对其直接负责的主管人员和其他直接责任人员，处五年以下有期徒刑或者拘役。

温馨提示

证券市场能够综合反映国家的政治、经济发展情况，证券市场的安定与国民经济的安定息息相关。当然，证券市场也与众多投资者的利益息息相关。肆意编造证券、期货交易虚假信息扰乱证券市场的行为性质十分恶劣。最终，胡言之人要自食恶果。

自测小题

判断：切不可为了一己私利在公众场合肆意传播虚假证券信息。( )①

帮助他人将犯罪所得合法化，构成犯罪吗？

案例实录

马某有一家矿业公司甲公司，常常通过聚众斗殴等手段争夺商业机会。甲公司凭借旁门左道使生意蒸蒸日上，发展迅速。后来，公安机关加强扫黑除恶的力度，马某怕自己落网，便将甲公司所得的黑色收入尽数转入自己儿子小马的账户，让小马通过他自己的影视公司，用这笔钱投资电影，从而使这笔钱过到“明路”。小马对于马某的钱财来路一清二楚，但仍听从了父亲的安排。那么，小马构成犯罪吗？

律师分析

小马的行为构成洗钱罪。根据《刑法》第一百九十一条的规定，明知是黑社会组织犯罪所得，却为掩饰、隐瞒其来路和性质提供资金账户、协助资金转移的，构成洗钱罪。本案中，小马明知马某的甲公司通过各种暴力手段争夺商业资源，已经构成黑社会性质的组织犯罪，公安机关正在进行扫黑，但为隐瞒这些非法所得，提供账户收纳犯罪所得，并通过投资电影的方式“洗白”赃款，构成了洗钱罪，应当承担相应的刑事责任。

---

① 解答：正确。

法条链接

《中华人民共和国刑法》

第一百九十一条　为掩饰、隐瞒毒品犯罪、黑社会性质的组织犯罪、恐怖活动犯罪、走私犯罪、贪污贿赂犯罪、破坏金融管理秩序犯罪、金融诈骗犯罪的所得及其产生的收益的来源和性质，有下列行为之一的，没收实施以上犯罪的所得及其产生的收益，处五年以下有期徒刑或者拘役，并处或者单处罚金；情节严重的，处五年以上十年以下有期徒刑，并处罚金：

（一）提供资金帐户的；

（二）将财产转换为现金、金融票据、有价证券的；

（三）通过转帐或者其他支付结算方式转移资金的；

（四）跨境转移资产的；

（五）以其他方法掩饰、隐瞒犯罪所得及其收益的来源和性质的。

单位犯前款罪的，对单位判处罚金，并对其直接负责的主管人员和其他直接责任人员，依照前款的规定处罚。

温馨提示

近些年，国家无论是对于贪污贿赂犯罪、黑社会组织犯罪还是其他洗钱罪的上游犯罪的打击力度都逐渐增大，这使许多犯罪分子无所遁形，都纷纷隐藏犯罪所得。如果明知收到的钱财为这些特定犯罪所得，而帮助隐瞒掩饰的，将会构成洗钱罪，要承担相应的刑事责任。如果身边有这样的人或事，千万不要姑息养奸，鼓励大家向公安机关提供线索。

自测小题

选择：隐瞒、掩饰下列哪些犯罪所得收益来源和性质的，构成洗

钱罪？(　)①

A. 贩卖毒品罪

B. 贪污罪

C. 抢劫罪

D. 走私罪

以虚构项目、虚构合同的方式取得银行贷款，需要承担什么刑事责任？

案例实录

辛某名下有家A公司，其以公司购买生产原材料石料为名，向某银行提供A公司与B公司签订的购销石料的虚假合同及虚假增值税购货发票，并由名义上虽非其所有、但实际上由其控制的3家公司进行担保，骗取某银行贷款共700余万元，最后仅归还利息50余万元，剩余金额尽数挥霍，造成银行损失600余万元。那么，辛某的行为需要承担什么刑事责任？

律师分析

辛某的行为构成贷款诈骗罪。根据《刑法》第一百九十三条的规定，以非法占有为目的，虚构经济合同、项目理由，骗取银行贷款，情节严重的，构成贷款诈骗罪。数额较大的，处5年以下有期徒刑或者拘役，并处2万元以上20万元以下罚金；数额巨大或者有其他严重情节的，处5年以上10年以下有期徒刑，并处5万元以上50万元以下罚金；数额特别巨大或者有其他特别严重情节的，处10年以上有

① 解答：ABD。

期徒刑或者无期徒刑，并处5万元以上50万元以下罚金或者没收财产。本案中，辛某主观上以非法占有为目的，客观上虚构了购买石料的理由，向银行提供A公司与B公司的虚假经济合同，骗取银行贷款共700余万元，严重破坏了金融管理秩序，已经构成贷款诈骗罪，应当承担相应的刑事责任。

法条链接

《中华人民共和国刑法》

第一百九十三条　有下列情形之一，以非法占有为目的，诈骗银行或者其他金融机构的贷款，数额较大的，处五年以下有期徒刑或者拘役，并处二万元以上二十万元以下罚金；数额巨大或者有其他严重情节的，处五年以上十年以下有期徒刑，并处五万元以上五十万元以下罚金；数额特别巨大或者有其他特别严重情节的，处十年以上有期徒刑或者无期徒刑，并处五万元以上五十万元以下罚金或者没收财产：

（一）编造引进资金、项目等虚假理由的；

（二）使用虚假的经济合同的；

（三）使用虚假的证明文件的；

（四）使用虚假的产权证明作担保或者超出抵押物价值重复担保的；

（五）以其他方法诈骗贷款的。

温馨提示

无论是对于个人还是企业，需要向银行融资时，必须实事求是地向银行证明自己的信用度。不可虚构理由、项目与合同向银行骗取贷款，否则极有可能还不上贷款，还被因此追究刑事责任，落得人财两空的后果。

自测小题

判断：为生意经营，向银行申请贷款时，需要提供真实、正确的报表和项目文件，并申请偿债能力范围之内的贷款数额。(　)①

强迫他人购买商品，构成犯罪吗？

案例实录

冯某是某小区物业公司的经理。某日，冯某在为业主孙某办理入户手续的过程中，要求孙某装修时必须购买其自营的、高于市场价格的水泥、砖头等建筑材料，并威胁孙某如不购买，就不给孙某家接通水电，并且不让孙某用电梯。孙某无奈之下只得购买冯某自营的建筑材料，并且被迫接受冯某商店所提供的建材搬运服务。日后，冯某故技重演，又侵害了10余名业主。那么，冯某构成犯罪吗？

律师分析

冯某的行为构成强迫交易罪。根据《刑法》第二百二十六条、《治安管理处罚法》第四十六条的规定，以暴力、威胁的手段，强买强卖商品，或者强迫他人接受服务的，如果情节较轻，会受到治安行政处罚；如果情节严重，则会构成强迫交易罪，需要承担一定的刑事责任。本案中，冯某利用其作为物业公司经理的身份，以威胁不给接通水电、不让使用电梯等手段，违背业主们的意愿，强迫业主们购买冯某自营的、高于市价的建材，非法获取经济利益，情节严重，构成强迫交易罪。

---

① 解答：正确。

法条链接

《中华人民共和国刑法》

第二百二十六条　以暴力、威胁手段，实施下列行为之一，情节严重的，处三年以下有期徒刑或者拘役，并处或者单处罚金；情节特别严重的，处三年以上七年以下有期徒刑，并处罚金：

（一）强买强卖商品的；

（二）强迫他人提供或者接受服务的；

（三）强迫他人参与或者退出投标、拍卖的；

（四）强迫他人转让或者收购公司、企业的股份、债券或者其他资产的；

（五）强迫他人参与或者退出特定的经营活动的。

《中华人民共和国治安管理处罚法》

第四十六条　强买强卖商品，强迫他人提供服务或者强迫他人接受服务的，处五日以上十日以下拘留，并处二百元以上五百元以下罚款；情节较轻的，处五日以下拘留或者五百元以下罚款。

温馨提示

在市场经济中，应当以自愿作为交易原则。在日常生活中，作为遵纪守法的公民、企业，必须尊重消费者的真实意愿，与消费者进行公平、平等的交易，而不能强迫消费者购买自己的商品或者接受自己的服务，否则轻则会受到行政处罚，重则会承担刑事责任。只有大家共同遵循市场交易的基本原则，共同维护良好的市场环境，才能实现消费者和经营者的双赢。

自测小题

判断：如果店铺实在没有生意，可以强拉走进来的顾客购买商

品，否则就不让他出门。（ ）①

对税务机关执法人员暴力相待、拒绝缴税的，是否构成犯罪？

案例实录

个体户陈某从事水果买卖生意。今年因为宣传得当，口碑逐渐传开，陈某店铺的生意非常红火，但他仍以家庭拮据为由拖欠税款。税务机关多次催缴，陈某一直置之不理，于是税务机关对陈某采取强制措施，欲扣押其店铺出售的商品果干礼盒。执法中，陈某及其店员吴某不服从执法人员的要求，还对执法人员拳打脚踢，致使执法人员小李左手骨折。那么，陈某的行为是否构成犯罪？

律师分析

陈某的行为构成抗税罪。根据《刑法》第二百零二条的规定，以暴力、威胁等方法拒不缴纳税款的行为，构成抗税罪，处3年以下有期徒刑或者拘役，并处拒缴税款1倍以上5倍以下罚金；情节严重的，处3年以上7年以下有期徒刑，并处拒缴税款1倍以上5倍以下罚金。本案中，陈某作为负有纳税义务的个人，应当按时足额缴纳税款，其拒不缴纳税款，违反了国家的税收管理制度，而且陈某还对税务机关的执法人员暴力相向，其行为构成了抗税罪，应当承担相应的刑事责任。

法条链接

《中华人民共和国刑法》

第二百零二条　以暴力、威胁方法拒不缴纳税款的，处三年以下

① 解答：错误。

有期徒刑或者拘役，并处拒缴税款一倍以上五倍以下罚金；情节严重的，处三年以上七年以下有期徒刑，并处拒缴税款一倍以上五倍以下罚金。

温馨提示

作为纳税义务人，无论是个人还是企业，都应当按时足额缴纳相应的税款。如果确实存在特殊困难导致无法缴税，可以向相应的税务机关进行申请，通过正常的程序申请延期、减免缴税，而不能擅自逃税，更不可暴力抗税。

自测小题

判断：如果手头拮据，可以对税务机关的催缴税款通知置之不理。(　)[①]

① 解答：错误。

第六章

妨害社会管理秩序的犯罪

有能力执行判决而拒不执行，情节严重的，会构成什么罪？

案例实录

张某近几年做个体经营，甲公司是其供货商。由于商店地理位置不佳、商品价格高等原因，张某生意亏损严重，欠下甲公司约60万元的债务。由于张某迟迟未还款，甲公司便向人民法院起诉，人民法院判决张某负有向甲公司还款的义务，该判决已生效。但张某未在生效判决规定的期限内履行还款义务，于是甲公司申请了强制执行。但张某拒不履行，且以卖房还款为由，申请法院解除了对其房屋的查封。然而，张某在取得房款后，并未履行还款义务，而是用于购置汽车。那么张某的行为是否构成犯罪？如果是，其构成什么罪？

律师分析

张某的行为构成拒不执行判决、裁定罪。《刑法》第三百一十三条对拒不执行判决、裁定罪作出了规定，自然人或者单位有能力执行而拒不执行人民法院的生效判决、裁定，视情节严重程度处以相应的刑罚。本案中，在人民法院的判决生效后，张某没有履行还款义务。在甲公司申请强制执行后，张某仍未履行还款义务。张某以卖房还款为由，申请解除了法院对其房屋的查封，然而其在取得购房款后并未进行还款。此时，张某有能力执行却未执行法院生效的判决、裁定，情节严重，构成拒不执行判决、裁定罪，应对其处以 3 年以下有期徒刑、拘役或者罚金。

法条链接

《中华人民共和国刑法》

第三百一十三条　对人民法院的判决、裁定有能力执行而拒不执行，情节严重的，处三年以下有期徒刑、拘役或者罚金；情节特别严重的，处三年以上七年以下有期徒刑，并处罚金。

单位犯前款罪的，对单位判处罚金，并对其直接负责的主管人员和其他直接责任人员，依照前款的规定处罚。

温馨提示

法律制定出来，需要被遵守，这是司法公信力的要求。有能力执行判决却拒不执行，不仅损害了交易相对方的实际利益，而且影响了司法公信力。正如法律学者所说：“法律必须被信仰，否则它将形同虚设。”遵守法律，尊重法律，是我们每个人的义务。

自测小题

选择：下列哪些行为构成拒不执行判决、裁定罪？（　）[①]

A. 甲拒不执行法院生效判决、裁定

B. 乙有能力执行而拒不执行法院生效判决、裁定

C. 丙有能力执行而拒不执行法院生效判决、裁定，情节严重

D. 丁拒不执行与戊的和解协议

① 解答：C。

暴力抗拒国家行政部门的公务行为，构成什么罪?

案例实录

A食品加工厂是某市的知名厂家，已经在该市经营多年，口碑一直非常好。近些年，由于A工厂缺乏管理层面和技术层面的更新升级，在受到其他同类厂家的冲击下日渐衰落。对此，A工厂没有采取相应的措施自救，反而破罐子破摔，在生产过程中以次充好、以假乱真，食品卫生方面也不进行严格把关。该市卫生部门接到群众举报后来到A工厂进行食品检疫，工厂负责人张某不仅不配合政府工作人员工作，还带领工人暴力阻碍检疫，在拉扯过程中将一名检疫人员打伤。请问张某的行为构成什么罪?

律师分析

张某的行为构成妨害公务罪。妨害公务罪侵犯了国家正常的管理活动，一个国家要稳定有序地发展，需要国家机关工作人员对社会各类行为进行相应的管理，一切单位和个人有义务配合国家工作人员的公务行为。《刑法》第二百七十七条规定了四种妨害公务罪的表现形式：（1）以暴力、威胁方法阻碍国家机关工作人员依法执行职务；（2）以暴力威胁方法阻碍人大代表执行代表职务；（3）在自然灾害和突发事件中以暴力威胁方法阻碍红十字会工作人员依法履行职责；（4）阻碍安全机关、公安机关执行国家安全工作任务，虽未使用暴力威胁方法，但造成了严重后果的。由此可见，不得以暴力、威胁等方式阻碍国家机关工作人员执行公务，否则将承担相应的刑事责任。本案中，张某的行为属于第一种形式，用暴力行为阻碍卫生部门的工作人员进行检疫，还造成了一名工作人员受伤，因此张某构成故意妨害公务罪。

法条链接

《中华人民共和国刑法》

第二百七十七条　以暴力、威胁方法阻碍国家机关工作人员依法执行职务的，处三年以下有期徒刑、拘役、管制或者罚金。

以暴力、威胁方法阻碍全国人民代表大会和地方各级人民代表大会代表依法执行代表职务的，依照前款的规定处罚。

在自然灾害和突发事件中，以暴力、威胁方法阻碍红十字会工作人员依法履行职责的，依照第一款的规定处罚。

故意阻碍国家安全机关、公安机关依法执行国家安全工作任务，未使用暴力、威胁方法，造成严重后果的，依照第一款的规定处罚。

暴力袭击正在依法执行职务的人民警察的，处三年以下有期徒刑、拘役或者管制；使用枪支、管制刀具，或者以驾驶机动车撞击等手段，严重危及其人身安全的，处三年以上七年以下有期徒刑。

温馨提示

在暴力妨害公务的过程中，如果使用暴力造成他人重伤、死亡，将对行为人以故意伤害罪、故意杀人罪论处。如果袭击正在执行公务的人民警察，应当从重处罚。国家机关工作人员依照法律法规的规定，在权限内对社会公共事务进行管理，其代表国家行使权力。干扰和破坏国家正常管理活动的行为人，应当受到处罚。

自测小题

选择：妨害公务罪的表现形式有哪些？(　　)①

---

① 解答：ABCD。

A. 以暴力、威胁方法阻碍国家机关工作人员依法执行职务

B. 以暴力、威胁方法阻碍人大代表执行代表职务

C. 在自然灾害和突发事件中以暴力、威胁方法阻碍红十字会工作人员依法履行职责

D. 阻碍安全机关、公安机关执行国家安全工作任务，虽未使用暴力威胁方法，但造成了严重后果

向犯罪分子通风报信，帮助其逃避法律制裁的行为构成何罪？

案例实录

大鹏和小亮是多年的好兄弟，有一次小亮宴请其他朋友也叫上了大鹏。几杯酒下肚，聊天的气氛火热起来，酒桌上其中一人是一名在刑警队工作的警察，由于喝多了酒，在酒桌上谈起正在侦办的一起汽车盗窃案件，警方已经掌握其中一名犯罪嫌疑人李某的相关线索，准备实施逮捕。无巧不成书，嫌疑人李某是大鹏的表弟，听闻此言，大鹏立即给表弟通风报信，让他到外地躲一躲。请问大鹏的行为构成什么罪？

律师分析

大鹏的行为构成窝藏罪。窝藏、包庇罪是一个选择性罪名，包括窝藏罪和包庇罪两种罪名。窝藏罪是指通过提供隐蔽处所、通风报信等多种形式帮助实施犯罪行为的人逃匿，包庇是指向司法机关提供假证据帮助掩盖犯罪行为。《刑法》第三百一十条规定，明知他人犯罪而帮助其逃匿或者作假证明包庇的，构成窝藏、包庇罪，应承担相应的刑事责任。此外，该罪成立是行为人在事前不知道犯罪分子要实施犯罪行为，如果在事前就与犯罪分子商量好为其提供帮助，那么行为

人不成立窝藏包庇罪，而是与犯罪分子所犯罪行的共犯。本案中，大鹏明知其表弟犯罪，却为表弟通风报信，帮助其逃匿，严重影响了警方办案，大鹏的行为构成了窝藏罪。

法条链接

《中华人民共和国刑法》

第三百一十条　明知是犯罪的人而为其提供隐藏处所、财物，帮助其逃匿或者作假证明包庇的，处三年以下有期徒刑、拘役或者管制；情节严重的，处三年以上十年以下有期徒刑。

犯前款罪，事前通谋的，以共同犯罪论处。

温馨提示

窝藏、包庇犯罪分子，会严重妨害国家司法机关的正常诉讼活动，使犯罪分子不能及时受到法律的制裁。任何人不得因任何理由帮助犯罪分子逃匿，在明知他人犯罪的情况下，应当及时劝说犯罪分子投案自首，接受法律的处罚。

自测小题

选择：行为人的哪些行为构成窝藏、包庇罪？（　）①

A. 周先生为犯罪的哥哥提供处所帮助其隐匿

B. 王女士为犯罪的弟弟通风报信

C. 吴先生在哥哥犯罪前答应他帮助其逃匿

D. 李先生在朋友犯罪逃跑后向警方作假证明

---

① 解答：ABD。

通过互联网传播淫秽物品的行为，构成何罪？

案例实录

张某是一个年轻貌美的女孩，但她眼高手低，大学毕业后一直没有找到合适的工作。偶然间，她听朋友说起做网络主播工作轻松、赚钱又快，于是，她在朋友的介绍下成了一名网络主播。然而，很快她发现从事“裸聊”直播赚钱更快，她便与其他几名年轻男女一起进行网络“裸聊”直播、淫秽色情表演等，还通过直播向网友售卖色情视频、淫秽图片和小说等，共谋取不正当利益约10万元。那么，张某等人通过互联网传播淫秽物品的行为构成什么罪？

律师分析

张某等人的行为构成了传播淫秽物品牟利罪。淫秽物品会败坏社会风气，破坏国家对文化市场的管理秩序，因此我国坚决打击任何制作、复制、出版、贩卖、传播淫秽物品的行为。根据《刑法》第三百六十三条第一款的规定，以牟利为目的，传播淫秽物品的行为，应当受到相应的刑事处罚。由此可知，构成本罪的必要条件是以营利为目的，如果不以营利为目的而传播淫秽物品的仅构成传播淫秽物品罪。本案中，张某等人为了快速赚钱，通过在网络平台上进行色情直播以及售卖淫秽色情物品的行为谋取利益，此行为构成传播淫秽物品牟利罪。

法条链接

《中华人民共和国刑法》

第三百六十三条第一款　以牟利为目的，制作、复制、出版、贩卖、传播淫秽物品的，处三年以下有期徒刑、拘役或者管制，并处罚金；情节严重的，处三年以上十年以下有期徒刑，并处罚金；情节特别严重的，处十年以上有期徒刑或者无期徒刑，并处罚金或者没收财产。

《中华人民共和国网络安全法》

第十二条第二款　任何个人和组织使用网络应当遵守宪法法律，遵守公共秩序，尊重社会公德，不得危害网络安全，不得利用网络从事危害国家安全、荣誉和利益，煽动颠覆国家政权、推翻社会主义制度，煽动分裂国家、破坏国家统一，宣扬恐怖主义、极端主义，宣扬民族仇恨、民族歧视，传播暴力、淫秽色情信息，编造、传播虚假信息扰乱经济秩序和社会秩序，以及侵害他人名誉、隐私、知识产权和其他合法权益等活动。

温馨提示

通过网络传播淫秽物品，会污染网络环境、败坏社会风气，扰乱文化市场，践踏道德法律底线，危害广大群众特别是青少年的身心健康，必须坚决制止、严厉打击。为了营造健康的网络环境，在发现网络上不健康的信息时，每个人都有责任向文化、公安等部门举报，及时清理淫秽色情信息。

自测小题

选择：下列哪些行为构成传播淫秽物品牟利罪？（　）①

A. 小李为了赚钱向他人售卖色情电影

B. 老张独自在家看色情电影

C. 杨某邀请朋友与自己一起看色情电影

D. 张某向同学出售色情小说

---

① 解答：AD。

为了娱乐仿刻国家机关的印章，构成犯罪吗？

案例实录

老杨是一名雕刻爱好者，他经常在网络上学习雕刻技术。最近，他迷恋起刻章技艺，平时利用萝卜、木块等仿雕各类印章。小赵想在小区开设一家超市，但是没有通过消防部门的安全验收，于是，小赵找到老杨，要求他仿照消防部门印章雕刻一个假印章。老杨为了展现自己高超的技艺，为小赵雕刻了一枚假印章。随后，小赵在相关手续上印上了假章，开始挂牌营业。后来在相关部门例行检查中发现了小赵的作假行为，小赵坦白是他找老杨帮忙刻制了假印章。那么，老杨的行为构成什么罪？

律师分析

老杨的行为构成伪造、变造、买卖国家机关公文、证件、印章罪。国家机关的印章代表国家机关的相应权力，而国家各机关的权力是国家授予的，这些国家机关的印章一经付印，便立即生效，代表国家机关行使相应的职权。根据《刑法》第二百八十条的规定，伪造、变造国家机关的印章，要承担相应的法律责任。伪造、变造国家机关印章行为会严重破坏国家公权力的行使秩序，可能给国家公信力带来负面影响。本案中，老杨虽然只是出于爱好仿制印章，但是其行为干扰了国家公权力的行使，对于此类违法犯罪的行为要给予相应的处罚。

法条链接

《中华人民共和国刑法》

第二百八十条第一款、第二款　伪造、变造、买卖或者盗窃、抢夺、毁灭国家机关的公文、证件、印章的，处三年以下有期徒刑、拘役、管制或者剥夺政治权利，并处罚金；情节严重的，处三年以上十年以下有期徒刑，并处罚金。

伪造公司、企业、事业单位、人民团体的印章的，处三年以下有期徒刑、拘役、管制或者剥夺政治权利，并处罚金。

温馨提示

国家机关的印章是国家机关行使职权的标志，象征着国家机关的权力，伪造国家机关印章侵犯了国家机关的正常管理活动和信誉。如果印章私自被刻制，国家的公信力和权威就会受到极大的干扰，因此任何人不得出于任何目的私刻国家机关公章。

自测小题

选择：下列哪些行为不构成伪造、变造、买卖国家机关公文、证件、印章罪？（　）①

A. 彤彤用萝卜雕刻了一个卡通形式的人民法院的印章玩具

B. 丽丽画了一个爸爸单位的印章

C. 老李给别人仿刻了一个文化局的假印章并从中牟利

D. 老张卖给老王一个从他人手里购买的文化局的印章

向他人传授犯罪方法构成什么罪?

案例实录

老猫是火车站一带的惯偷，警方进行过数次打击其仍然没有罢

① 解答：AB。

手。20岁的田某久闻老猫“盛名”，想拜老猫为师，学习一些偷盗技巧，但老猫一直没有收他为徒。后来，老猫突然决定金盆洗手，可是他认为自己多年的“经验技术”不能就此失传，于是他同意收田某为徒。田某经过老猫的点拨，在火车站附近实施的盗窃活动更加猖獗。后田某行窃时被抓获，那么，老猫教授他人偷盗技巧的行为构成什么罪？

律师分析

老猫的行为构成传授犯罪方法罪。传授犯罪方法罪，是指故意通过语言、文字、图片等方式向他人传授犯罪方法和技能的犯罪。向他人传授职业技能，这本无可厚非，但这些职业技能不包括犯罪方法。传授犯罪方法，客观上扩大了事实犯罪的主体，可能直接导致犯罪率的上升，给社会的安定带来不稳定因素。根据《刑法》第二百九十五条的规定，向他人传授犯罪方法应当受到相应的刑事处罚。本案中，老猫向田某传授偷盗技巧，培养新的犯罪分子，给社会构成极大的威胁，也造成了严重的混乱，应严肃追究其刑事责任。

法条链接

《中华人民共和国刑法》

第二百九十五条　传授犯罪方法的，处五年以下有期徒刑、拘役或者管制；情节严重的，处五年以上十年以下有期徒刑；情节特别严重的，处十年以上有期徒刑或者无期徒刑。

温馨提示

在认定传授犯罪方法罪时，应当将其与工作中的错误言行区别开来，前者是故意将自己掌握的犯罪经验和技巧传授给他人，教授他人犯罪方法；后者则是在工作中不慎散布一些错误言论或者在宣传时将犯罪方法扩散出来。前者构成犯罪，而后者是工作中的失误或错误。

自测小题

选择：下列哪些行为构成传授犯罪方法罪？（　）①

A. 张某在朋友聚会上聊起开锁的方法

B. 王某教给李某入户盗窃的“窍门”

C. 孙某有一次在公共场合谈起小偷是如何盗窃的

D. 杜某教授徒弟怎样走私货物

过失损坏国家级保护文物，是否构成犯罪？

案例实录

韩某和孙某是一对情侣，二人志趣相投，都非常喜欢中国古代历史，每次旅游都会到当地博物馆参观。有一次，二人外出旅游时来到某省博物馆参观。游览过程中，二人因为一点小事发生争吵，韩某一气之下，将随身携带的小背包砸向孙某。不料，背包砸中了正在展出的国家级重点保护文物，导致文物严重损坏，无法修复。那么，损坏国家级保护文物是否需要承担刑事责任？

律师分析

韩某和孙某需要承担相应的刑事责任。文物是人类在历史发展过程中遗留下来的遗物、遗迹。中华民族文化源远流长，一些文物作品不仅是工艺技术的杰出代表作，记录了中华民族的优秀历史传统，也是人类宝贵的历史文化遗产，每个人都要珍视、保护文物。根据《刑法》第三百二十四条的规定，过失损毁国家重点保护文物，造成严重后果的，要承担相应的刑事责任。本罪在主观方面是出于过失，应当预见自己的

① 解答：BD。

行为可能会造成文物的损毁，但是没有预见或者最终避免。行为人如果出于故意则不构成此罪。本案中，韩某和孙某在争执过程中将国家级重点保护文物损坏，造成了无法挽回的损失，已经构成过失损毁文物罪。

法条链接

《中华人民共和国刑法》

第三百二十四条　故意损毁国家保护的珍贵文物或者被确定为全国重点文物保护单位、省级文物保护单位的文物的，处三年以下有期徒刑或者拘役，并处或者单处罚金；情节严重的，处三年以上十年以下有期徒刑，并处罚金。

故意损毁国家保护的名胜古迹，情节严重的，处五年以下有期徒刑或者拘役，并处或者单处罚金。

过失损毁国家保护的珍贵文物或者被确定为全国重点文物保护单位、省级文物保护单位的文物，造成严重后果的，处三年以下有期徒刑或者拘役。

温馨提示

文物为研究我国古代历史、文化、艺术提供了宝贵的物质材料，是历史传承的重要符号。由于文物是一种不可再生的资源，一旦损坏意味着精神财富的巨大损失。因此，任何单位和个人都要格外珍惜文物，不能因任何理由以放任的心态面对文物的损坏。

自测小题

选择：下列哪些情形构成过失损毁文物罪？（　）①

A. 张女士跟老公吵架，一怒之下砸毁博物馆文物

① 解答：BD。

B. 小李与朋友在博物馆内闹着玩，不小心将珍贵文物碰掉地上摔坏了

C. 吴先生在参观博物馆时与管理员发生争执，为了报复打碎馆内文物

D. 琪琪与朋友在博物馆内捉迷藏，不慎将展出文物碰坏

组织男性卖淫是否构成犯罪?

案例实录

某市繁华街区新开了一家装修得富丽堂皇的高级会所，老板高某为了标新立异“独创品牌”，雇用了很多年轻帅气的男士作为夜总会的服务人员。而且，该会所只针对女性开放，表面上是女性娱乐休闲场所，实质上是向女性提供性服务的场所。该会所门槛很高，入会费用需要10万元。后经人举报，该会所遭到警方查处。老板高某认为，组织女性卖淫是违法行为，但组织男性卖淫并不违法。那么，组织男性从事性服务是否构成组织卖淫罪?

律师分析

高某的行为构成组织卖淫罪。组织卖淫罪，是指以招募、雇佣、引诱、容留等手段，纠集、控制多人从事卖淫的行为。通常认为，从事卖淫的指女性，男性不存在这样的问题，这是一种误区。《刑法》第三百五十八条规定，组织他人卖淫的需要承担5年以上至无期徒刑的法律责任。在这里，“他人”既包括女性，也包括男性。只要集合多人进行有组织的卖淫活动，不论性别，都不影响对犯罪事实的认定。本案中，高某开设女性会所，组织男性卖淫，严重扰乱了社会风气，构成组织卖淫罪，要承担相应的刑事责任。

法条链接

《中华人民共和国刑法》

第三百五十八条　组织、强迫他人卖淫的，处五年以上十年以下有期徒刑，并处罚金；情节严重的，处十年以上有期徒刑或者无期徒刑，并处罚金或者没收财产。

组织、强迫未成年人卖淫的，依照前款的规定从重处罚。

犯前两款罪，并有杀害、伤害、强奸、绑架等犯罪行为的，依照数罪并罚的规定处罚。

为组织卖淫的人招募、运送人员或者有其他协助组织他人卖淫行为的，处五年以下有期徒刑，并处罚金；情节严重的，处五年以上十年以下有期徒刑，并处罚金。

温馨提示

组织卖淫的犯罪对象是“他人”，是多个人，而不是一个人，通常是一个稳定的团体，“他人”不仅指女性，也指男性。有的人认为组织卖淫罪的犯罪对象不包括男性，这并不符合立法意愿，而且现实生活中组织男性卖淫的案例并不少见，这种行为同样破坏了公序良俗，严重败坏了社会风气。因此，组织男性卖淫不影响犯罪事实的认定。

自测小题

选择：下列哪些行为构成组织卖淫罪？（　）①

A. 张某为了生计到洗浴中心卖淫

B. 李某雇用十几名年轻貌美的女性在歌舞厅提供有偿性服务

① 解答：BC。

C. 钱某组织十几名年轻男性在夜总会卖淫

D. 郝某与几个小姐妹一起在夜总会卖淫

用欺骗的方法让他人沾染毒品的行为，构成什么罪?

案例实录

丽丽在一次活动中爱上了一个年轻帅气的大学生齐某，但是齐某对丽丽没有特别的感情，只是把她当作朋友。丽丽很苦恼，为了追求齐某，她想尽了各种办法。后来，在朋友的点拨下，丽丽决定让齐某吸食毒品，这样丽丽就可以通过不断为齐某供应毒品，将他留在自己的身边。有一次，丽丽约齐某出来玩，她将毒品藏于一支香烟中让齐某吸食，齐某由此沾染上毒品。那么，丽丽的行为构成什么罪?

律师分析

丽丽欺骗齐某沾染上毒品，她的行为构成欺骗他人吸毒罪。欺骗他人吸毒，是指在他人不知情的情况下，将毒品给他人吸食，让人不知不觉染上毒瘾。公民无视法律的规定，通过欺骗的方法使他人沾染上毒品，蓄意危害他人的身体健康，是一种严重的违法行为。《刑法》第三百五十三条和《治安管理处罚法》都对这一行为作出认定，但二者是有区别的。《治安管理处罚法》中涉及的违法情节相对来说比较轻微，不足以构成犯罪时对其作出行政上的处罚；但是，如果引诱别人吸毒的情节非常恶劣，并且造成严重的危害后果，则认定为构成犯罪，要追究其刑事责任。本案中，丽丽用卑劣的手段欺骗齐某吸毒，使齐某染上毒瘾，给齐某的身心造成了极大的伤害，因此，丽丽的行为构成欺骗他人吸毒罪。

法条链接

《中华人民共和国刑法》

第三百五十三条　引诱、教唆、欺骗他人吸食、注射毒品的，处三年以下有期徒刑、拘役或者管制，并处罚金；情节严重的，处三年以上七年以下有期徒刑，并处罚金。

强迫他人吸食、注射毒品的，处三年以上十年以下有期徒刑，并处罚金。

引诱、教唆、欺骗或者强迫未成年人吸食、注射毒品的，从重处罚。

《中华人民共和国治安管理处罚法》

第七十三条　教唆、引诱、欺骗他人吸食、注射毒品的，处十日以上十五日以下拘留，并处五百元以上二千元以下罚款。

温馨提示

毒品是一种能够使人形成瘾癖的麻醉和精神药品，它能够麻醉人的身体和神经中枢系统，使人产生依赖，大量吸食或注射毒品会危及生命。一旦沾染上毒品便不容易戒掉，我们在日常生活中一定要保持警惕，避免去不健康的场所，避免接触不良人群，以免在不知情的情况下被人诱骗吸食毒品。

自测小题

选择：下列哪些行为构成欺骗他人吸毒罪？(　　)①

A. 小亮等人起哄让小刚尝试毒品

B. 曾某告诉黄某吸毒的感觉很好，问他要不要尝试一下

---

① 解答：CD。

C. 李某为了售卖毒品，送给小明一支含有毒品的香烟让他抽

D. 小红看小颖不开心，在小颖不知情的情况下送给她一颗摇头丸

妹妹作假证明包庇犯罪的姐姐，构成犯罪吗？

案例实录

黄某长期受到丈夫的家庭暴力，她想结束这段婚姻关系但是无法摆脱丈夫的魔爪。有一次，丈夫酒后又对黄某进行毒打，她下定决心将丈夫杀死。黄某策划了一个杀人计划，实施杀人行为之后她惊慌失措地跑到妹妹家，并告诉妹妹实情。事发后，警方对黄某展开调查。妹妹为了保护姐姐，在警方调查的时候为姐姐作了不在场的假证明，干扰了警方的办案方向。那么，妹妹作假证明包庇姐姐的行为构成什么罪？

律师分析

妹妹作假证明包庇姐姐的行为构成包庇罪。包庇是指明知道他人犯罪，而作出虚假证明帮助其逃避法律制裁的行为。不论与当事人有什么身份关系，即便是亲属之间，作假证明包庇也是违法犯罪行为。《刑法》第三百一十条规定，明知他人犯罪而作假证明包庇的，应当受到相应的刑事处罚。由此可见，在明知他人犯罪的前提下，不得作出虚假证明帮助犯罪分子逃避制裁，否则会受到相应的刑事处罚。本案中，妹妹为了帮助姐姐黄某逃避法律的制裁，在警方调查时为姐姐作出虚假的不在场证明，构成包庇罪。

法条链接

《中华人民共和国刑法》

第三百一十条　明知是犯罪的人而为其提供隐藏处所、财物，帮

助其逃匿或者作假证明包庇的，处三年以下有期徒刑、拘役或者管制；情节严重的，处三年以上十年以下有期徒刑。

犯前款罪，事前通谋的，以共同犯罪论处。

温馨提示

包庇犯罪分子从而帮助其逃避法律的制裁，其行为严重干扰了国家司法机关的正常诉讼活动，纵容了违法犯罪行为。所谓“天网恢恢，疏而不漏”，即便一时逃避法律的制裁，犯罪分子也会终日难安，持续生活在惶恐之中。作为家人，应当劝诫犯罪的亲人投案自首，这样才能早日开始新的生活。

自测小题

选择：下列哪些行为构成包庇罪？（　）①

A. 老张为了保护弟弟帮助其作假证逃避法律制裁

B. 老李准备报复仇人，动手前告诉了妻子，妻子后来在警察调查时帮助其作假证

C. 老胡在儿子肇事逃逸到南方后，警察调查时说儿子去了北方

D. 老吴目睹了老苏下毒，警方调查时却说当天老苏不在场

明知自己身患艾滋病却故意传播的行为，构成什么罪？

案例实录

杨某在一次献血的过程中不幸感染了艾滋病病毒，为此妻子离他而去，杨某终日郁郁寡欢，心中的仇恨与日俱增。后来，他决定报复

① 解答：ACD。

社会，他认为不能只有他一人遭受命运的不公。于是，杨某频频出入不健康场所，借机将艾滋病病毒传染给他人。由此，多人感染上了艾滋病病毒，造成非常恶劣的影响。那么，杨某明知自己身患艾滋病却故意传播的行为，构成什么罪？

律师分析

杨某的行为构成传播性病罪。艾滋病是一种危害极大的传染病，HIV 病毒攻击人体的免疫系统，使人体对威胁生命的各种病原体丧失抵抗能力，从而发生多种感染或肿瘤，最后导致死亡。而且，艾滋病的主要传播方式之一是通过性行为传播，因此，艾滋病属于一种性病。根据《刑法》第三百六十条的规定，明知自己患有性病而嫖娼的，应当承担相应的刑事责任。本案中，杨某明知自己患有艾滋病而通过嫖娼的方式恶意将艾滋病病毒传染给他人，这种行为给他人的人身安全造成威胁。他的行为构成传播性病罪。

法条链接

《中华人民共和国刑法》

第三百六十条　明知自己患有梅毒、淋病等严重性病卖淫、嫖娼的，处五年以下有期徒刑、拘役或者管制，并处罚金。

《最高人民法院、最高人民检察院关于办理组织、强迫、引诱、容留、介绍卖淫刑事案件适用法律若干问题的解释》

第十二条第一款　明知自己患有艾滋病或者感染艾滋病病毒而卖淫、嫖娼的，依照刑法第三百六十条的规定，以传播性病罪定罪，从重处罚。

温馨提示

到目前为止还没有根治艾滋病的方法，要尽量注意避免感染艾滋病病毒。避免高危性行为，洁身自好，不以任何方式吸毒，远离毒品。不使用未经检验的血液制品，减少不必要的输血。

自测小题

选择：下列哪些行为构成传播性病罪？（　）①

A. 小刘不知道自己患有梅毒去洗浴中心嫖娼

B. 小王明知道自己患有淋病去嫖娼

C. 小李明知道自己患有艾滋病去卖淫

D. 小张不知道自己患有艾滋病去卖淫

非法猎捕国家重点保护野生动物，构成什么罪？

案例实录

大强从小就非常喜欢水生生物，他在市内的宠物街上经营了一家水族用品店，生意很红火。后来他发现，喜欢养龟的人很多，于是他开始经营各种龟类。有一次，朋友告诉大强，他发现一个地方可以捕捉四爪陆龟（国家级保护动物），于是二人以旅游的名义到某地捕捉了几只四爪陆龟，回来后偷偷在网上售卖，获得收益 10 万余元。后经人举报，大强非法捕猎的行为被警方发现。那么，大强的行为构成什么罪？

律师分析

大强的行为构成危害珍贵、濒危野生动物罪。危害珍贵、濒危野生动物罪，是指违反野生动物保护法规，猎捕、杀害国家重点保护的珍贵、濒危野生动物的行为。本罪侵犯的客体是国家重点保护的珍贵、濒危野生动物的管理制度。《刑法》第三百四十一条第一款规定，

① 解答：BC。

非法猎捕国家重点保护的野生动物，要承担相应的刑事责任。珍贵、濒危野生动物是国家非常珍贵的自然资源，不仅具有经济价值，而且具有重要的文化价值和社会价值。任何人不得以任何方法非法捕猎、杀害国家保护野生动物。本案中，四爪陆龟是国家一级保护动物，大强为了谋取利益，非法猎捕了多只四爪陆龟，破坏了我国生态物种多样性，应当受到相应的刑事处罚。

法条链接

《中华人民共和国刑法》

第三百四十一条第一款　非法猎捕、杀害国家重点保护的珍贵、濒危野生动物的，或者非法收购、运输、出售国家重点保护的珍贵、濒危野生动物及其制品的，处五年以下有期徒刑或者拘役，并处罚金；情节严重的，处五年以上十年以下有期徒刑，并处罚金；情节特别严重的，处十年以上有期徒刑，并处罚金或者没收财产。

温馨提示

保护野生动物是我们每个人应尽的社会责任。随着人类社会的不断进步，很多人在猎奇心理的驱使下食用野生动物，这不仅破坏了生态平衡，也会给人类带来巨大的灾难。由于人类随意捕杀、食用野生动物，很多传染病威胁到人类的生命安全，这是大自然给我们的警告。善待野生动物，也是善待我们人类自己。

自测小题

选择：下列哪些行为构成非法猎捕、杀害珍贵、濒危野生动物罪？（　）①

---

① 解答：CD。

A. 王老太太杀了一只自家养的野鸡

B. 张大爷不小心把自家的兔子喂多撑死了

C. 小西为了盈利捕捉国家珍贵野生动物

D. 魏大厨经营餐馆时杀死国家濒危野生动物

第七章

危害国家安全与公共安全的犯罪

明知手机里的视频系邪教视频，仍然分享给大家看的，构成何罪?

案例实录

谭某打工期间结识了一名“信教”的外地工友李某。在某次聚餐期间，李某向谭某介绍了他所信奉的组织、教义，宣称“劫难说”“天国论”，并且向谭某透露虔诚信奉教主、加入组织，才能消灾避难、治病强身，还通过微信向谭某发送了一段“组织宣传视频”。谭某将这件事告诉了另一个关系好的老乡胡某，胡某好心提醒谭某“李某可能是一名邪教组织成员，视频有违法宣扬邪教的嫌疑”。谭某却不以为然，还将视频通过微信发送给亲朋好友，次数多达100余次。谭某的这种行为构成何罪?

律师分析

邪教利用宗教的外衣，对他人进行精神控制、收敛钱财、危害公民健康、自由，破坏社会秩序，具有极大的社会危害性，我国严厉打击邪教组织犯罪。根据《刑法》第三百条的规定，利用宗教信仰名义，成立各种邪教组织，违反法律规定传播、宣扬有违社会核心价值观的邪教思想、进行各类有悖社会科学的邪教活动，应当承担相应的法律责任。结合《最高人民法院、最高人民检察院关于办理组织、利用邪教组织破坏法律实施等刑事案件适用法律若干问题的解释》第二条的规定，利用网络等通讯工具传播宣扬邪教，制作、传播音频或者视频达到50个以上的，应当按照《刑法》第三百条的规定处以刑罚。本案中，谭某在胡某的提醒下对李某传播的邪教宣传视频性质有了明确的认知，不仅没有及时向公安机关等有关部门举报，还向亲友传播，传播次数多达100余次，造成了极其恶劣的影响，已经触犯《刑法》，构成了利用邪教组织破坏法律实施罪，应当接受相应的惩罚。

法条链接

《中华人民共和国刑法》

第三百条第一款　组织、利用会道门、邪教组织或者利用迷信破坏国家法律、行政法规实施的，处三年以上七年以下有期徒刑，并处罚金；情节特别严重的，处七年以上有期徒刑或者无期徒刑，并处罚金或者没收财产；情节较轻的，处三年以下有期徒刑、拘役、管制或者剥夺政治权利，并处或者单处罚金。

《最高人民法院、最高人民检察院关于办理组织、利用邪教组织破坏法律实施等刑事案件适用法律若干问题的解释》

第二条　组织、利用邪教组织，破坏国家法律、行政法规实施，具有下列情形之一的，应当依照刑法第三百条第一款的规定，处三年以上七年以下有期徒刑，并处罚金：

……

（十二）利用通讯信息网络宣扬邪教，具有下列情形之一的：

1. 制作、传播宣扬邪教的电子图片、文章二百张（篇）以上，电子书籍、刊物、音视频五十册（个）以上，或者电子文档五百万字符以上、电子音视频二百五十分钟以上的；

……

温馨提示

每个公民都有信仰或不信仰宗教的自由，国家尊重和保护公民宗教信仰自由的权利。但是，并非所有的组织都能称为宗教，在日常生活中，邪教也常常披着宗教的外衣，荼毒公民的思想，侵犯公民的人身财产权益。邪教一般具有秘密性、以教主或者组织中的某个人为中心、宣扬的思想有悖社会科学、向信徒聚敛钱财等特征。我们应当提高警惕，保持正确的认识，抵御邪教的侵蚀。

自测小题

选择：下列哪些行为属于宣扬邪教的行为？（　）[①]

A. 连某生病，家人准备将其送去医院，胡某却百般阻拦，认为医院无法医治，劝说连某在家“信教”治病

B. 唐某为了收敛钱财，创建了一个名为“全能神”的组织，对其成员进行精神控制，使成员对自己百般顺从

C. 郑某一生信佛，根据其教义做善事，积善德

D. 姜某在一个交友群中发现了涉嫌宣扬邪教的视频，随后通过群发的方式将其分享给了很多人

只为恐怖活动做了准备，但最终因为害怕没有参与实施的，也构成犯罪吗？

案例实录

张某刚被刑满释放，一直处于无业状态。一次偶然的机会，张某在网上认识了相同境遇的熊某。在聊天过程中，熊某多次向张某表露出

① 解答：ABD。

自己生活不如意、对社会充满怨恨的极端想法，并计划实施恐怖活动。熊某不断地以金钱诱惑张某，劝说张某一起参加恐怖活动，并要求其购买制造炸弹所需的化学物品。张某购买化学材料，交给了熊某。在准备实施恐怖活动时，张某最终因为害怕没有与熊某一同实施恐怖活动犯罪，这样的行为也构成犯罪吗？

律师分析

恐怖活动是一项危害公民人身财产安全、破坏国家安定的犯罪行为，我国坚决严厉打击恐怖活动犯罪。为了更好地抑制恐怖活动，《刑法》不仅将组织、领导、参加恐怖活动的行为定性为犯罪行为，还将为实施恐怖活动而进行的准备活动规定为一项单独的犯罪。根据《刑法》第一百二十条之二的规定，策划恐怖活动，组织、参加恐怖活动培训，实施恐怖活动前购买犯罪工具、打探信息、制造时机等行为被认定为准备实施恐怖活动罪，要被处以刑罚。该项规定将打击行为提前到准备阶段，可以更有效地威慑恐怖活动，保护公民生命财产安全，维护社会稳定。本案中，张某虽然因为害怕没有参加、实施恐怖活动，但是其前期购买危险化学物品的行为构成了准备实施恐怖活动罪，应当受到法律的惩罚。

法条链接

《中华人民共和国刑法》

第一百二十条之二　有下列情形之一的，处五年以下有期徒刑、拘役、管制或者剥夺政治权利，并处罚金；情节严重的，处五年以上有期徒刑，并处罚金或者没收财产：

（一）为实施恐怖活动准备凶器、危险物品或者其他工具的；

（二）组织恐怖活动培训或者积极参加恐怖活动培训的；

（三）为实施恐怖活动与境外恐怖活动组织或者人员联络的；

（四）为实施恐怖活动进行策划或者其他准备的。

有前款行为，同时构成其他犯罪的，依照处罚较重的规定定罪处罚。

温馨提示

准备实施恐怖活动罪与参加恐怖活动罪是两项单独的罪名。实施购买凶器、参加培训、策划恐怖活动的行为虽然是实施恐怖活动的准备阶段，但是该行为不同于一般犯罪行为的前期预备阶段，其行为性质更加恶劣、更具危害性。所以在罪行的认定上，不能按照参加恐怖活动是实行行为，准备活动是实行行为的预备阶段，而从轻处罚，应当按照法律规定，以独立罪名单独处理。

自测小题

选择：下列哪些是准备实施恐怖活动行为？（　）①

A. 王某为恐怖活动提供资金支持

B. 李某领导张某等人实施恐怖活动

C. 洪某为谋取非法利益，为赵某等人购买实施恐怖活动所需要的危险化学物品

D. 孙某是某恐怖活动组织成员，专门负责组织成员进行恐怖活动培训

喝得醉醺醺仍开车的，即使没有出事故，也会构成犯罪吗？

案例实录

2019 年 11 月，胡某开车去参加同学聚会，席间交谈甚欢，和朋友们喝了许多酒。饭后，同学小张提议一起打车回家。胡某称自己没

① 解答：CD。

醉，而且饭店离家不远，坚持自己开车回家。不料途中被交警拦下，经酒精测试仪现场检测，胡某有醉驾嫌疑。随即，交警带胡某前往医院抽取血液样本送检。经鉴定，胡某的血液中酒精含量为86.7毫克/100毫升。请问胡某醉酒驾车上路行驶，但并未发生交通事故，能否判其有罪？如果有罪，其行为构成了何罪？

律师分析

根据《刑法修正案（九）》第八条、《刑法》第一百三十三条之一的规定，危险驾驶罪是指在道路上驾驶机动车追逐竞驶，情节恶劣的；醉酒驾驶机动车的；从事校车业务或者旅客运输，严重超过定额乘员载客，或者严重超过规定时速行驶的；违反危险化学品安全管理规定运输危险化学品，危及公共安全的行为。在道路上驾驶机动车，血液酒精含量达到80毫克/100毫升以上的，属于醉酒驾驶机动车，依照《刑法》第一百三十三条之一第一款的规定，应当以危险驾驶罪定罪处罚。胡某作为达到刑事责任年龄的成年人，聚会后血液中酒精含量为86.7毫克/100毫升，明显超过醉酒标准。其明知自己醉酒驾驶机动车却抱有“饭店离家近，不会出什么事”的侥幸心理，其主观上表现为故意。也就是说，他意识到会危及公共安全而放任这种状态发生。其行为侵犯了公共安全，给公共安全带来了潜在的危险，即给不特定人的生命、身体或者财产带来了危险。即使胡某未发生交通事故，未造成实际人员伤亡，其行为也构成危险驾驶罪。

法条链接

《中华人民共和国刑法》

第一百三十三条之一　在道路上驾驶机动车，有下列情形之一的，处拘役，并处罚金：

……

（二）醉酒驾驶机动车的；

……

《最高人民法院、最高人民检察院、公安部关于办理醉酒驾驶机动车刑事案件适用法律若干问题的意见》

第一条第一款　在道路上驾驶机动车，血液酒精含量达到 80 毫克/100 毫升以上的，属于醉酒驾驶机动车，依照刑法第一百三十三条之一第一款的规定，以危险驾驶罪定罪处罚。

温馨提示

在我国，醉酒驾车行为会受到严厉的打击。依据《道路交通安全法》的规定，醉酒驾驶机动车的，由公安机关交通管理部门约束至酒醒，吊销机动车驾驶证，依法追究刑事责任，并且 5 年之内不得重新取得机动车驾驶证。也就是说，犯罪者除了需要接受危险驾驶罪的相应处罚，还要受到一定期限禁驾的行政处罚。公民应当自觉遵守法律法规，牢记“喝酒不开车”，杜绝侥幸心理，为保护公共安全贡献一份力量。

自测小题

选择：在道路上驾驶机动车，血液酒精含量达到（　）① 毫克/100 毫升以上的，属于醉酒驾驶机动车，依照《刑法》规定以危险驾驶罪定罪处罚。

A. 80

B. 100

C. 200

D. 85

---

① 解答：A。

偷偷将汽油带上长途汽车，被发现后既不下车也不交出汽油的，构成犯罪吗？

案例实录

马某经营一家卡丁车项目的公司，基于业务经营需要，经当地派出所审批获得购买和储存散装汽油的资质。某日，马某因债务纠纷与刘某在电话中发生口角，刘某出语伤人，使马某心中十分恼火。酒后，马某心生报复之念，便从公司的储油处拿了一桶散装汽油，准备去找刘某算账。马某搭乘长途汽车去找远在M市的刘某，并偷偷将准备好的汽油和打火机一起带上了汽车。不料，途中由于汽车颠簸，部分汽油从桶内流出，马某携带的汽油被发现，乘务员便警示马某将其带下车或者上交。但马某与乘务员争执不下，拒绝交出汽油，且坐在座位上拒不下车。随后，公安民警接到报警后前来将马某抓获，并扣押其持有的一桶汽油。请问本案中马某偷偷将汽油带上长途汽车并发生泄漏，被发现后既不下车也不交出汽油的行为，构成犯罪吗？如构成犯罪，该行为犯了何罪？

律师分析

根据《刑法》的规定，非法携带枪支、弹药、管制刀具、危险物品属于危及公共安全罪，约束的是行为人违反国家关于枪支、弹药、管制刀具、危险物品进入公共场所、公共交通工具，侵害不特定人人身安全，情节严重，危害公共安全的行为。其中，危险物品是指雷管、炸药、鞭炮、汽油、酒精、压缩气体、液化气体等具有爆炸性、易燃性的，镭、铀等具有放射性的，以及硫酸、硝酸、盐酸、砒霜等具有腐蚀性和毒害性的物质。马某无视法律，非法携带一桶汽油乘坐长途汽车并发生泄漏，被发现后拒不交出，危及公共安全，情节严重，其行为已构成犯罪。理由如下：（1）马某明知将汽油带入公共场所或公共交通工具，会危害公共安全，造成不特定人或物的损害，但仍然偷偷携带并拒绝按规定处理，其主观上具有对公共安全造成危险的故意。（2）马某作为年满16周岁具有刑事责任能力的自然人，对交通运输相关法律法规有基本认识的能力，能清楚地判断自己的行为。而且其经营卡丁车公司，应当知道汽油的管制力度和其易燃性等特殊性质，其应当对自己的行为负责。（3）马某非法携带汽油进入长途汽车，并在公共交通工具上发生泄漏，被发现后拒不交出，其行为符合《最高人民检察院、公安部关于公安机关管辖的刑事案件立案追诉标准的规定（一）》第七条规定的“情节严重”的情形，危害了不特定人和物的人身安全、财产安全，给公共安全造成了潜在的危险，其行为侵害的客体是公共安全和枪支、弹药、管制刀具、危险物品的管理办法。因此，应当以《刑法》第一百三十条规定的非法携带危险物品危及公共安全罪对马某进行立案追诉。

法条链接

《中华人民共和国刑法》

第一百三十条　非法携带枪支、弹药、管制刀具或者爆炸性、易燃性、放射性、毒害性、腐蚀性物品，进入公共场所或者公共交通工具，危及公共安全，情节严重的，处三年以下有期徒刑、拘役或者管制。

《最高人民检察院、公安部关于公安机关管辖的刑事案件立案追诉标准的规定（一）》

第七条　非法携带枪支、弹药、管制刀具或者爆炸性、易燃性、放射性、毒害性、腐蚀性物品，进入公共场所或者公共交通工具，危及公共安全，涉嫌下列情形之一的，应予立案追诉：

……

（六）携带的爆炸性、易燃性、放射性、毒害性、腐蚀性物品在公共场所或者公共交通工具上发生泄漏、遗洒，尚未造成严重后果的；

（七）其他情节严重的情形。

温馨提示

本罪的认定是有条件的，只有符合情节严重的情形，才构成本罪。也就是说，对于情节轻微，携带数量少，并未造成危害后果的，则不宜认定为本罪。另外，本罪属于行为犯，即只要行为人非法携带枪支、弹药、管制刀具、危险物品进入公共场所或公共交通工具，一旦达到情节严重的情形，即可构成本罪，并不以其造成实际危害后果为构成必要条件。如果发生其他后果，如爆炸、火灾等，则应以他罪如放火罪、爆炸罪、失火罪、破坏交通工具罪、过失爆炸罪等论处，非法携带的行为则不单独构成其罪。我们应当遵守交通运输相关条例，自觉接受安全检查，保护公共物品、公共交通工具的安全，维护广大人民群众的利益。

自测小题

选择：非法携带枪支、弹药、管制刀具或者爆炸性、易燃性、放射性、毒害性、腐蚀性物品，进入公共场所或者公共交通工具，危及公共安全，情节严重的，处以（　）①。

A. 5 年以下有期徒刑或拘役

B. 5 年以下有期徒刑

C. 10 年以上有期徒刑

D. 3 年以下有期徒刑、拘役或者管制

---

① 解答：D。

向境外人员提供绝密报告，是犯罪吗？

案例实录

孙某系某杂志社编辑，2019年4月，其与来自某国的记者李某相识。李某想要收集我国某会议报告稿，便与孙某商议，如果孙某能收集到，事成之后将支付其人民币20万元。同年10月，孙某利用职务之便，将在单位内部传阅的会议报告送审稿（绝密版）擅自复印一份，带给李某。李某通过某些手段将该“报告”传回某国。李某按约定支付孙某人民币20万元。孙某向境外提供绝密报告，是犯罪吗？

律师分析

孙某构成为境外窃取、刺探、收买、非法提供国家秘密、情报罪。作为公民，我们有保守国家秘密的义务。《刑法》第一百一十一条对本罪作出了规定，为境外窃取、刺探、收买、非法提供国家秘密、情报罪，是指故意为境外窃取、刺探、收买、非法提供国家秘密、情报的行为。“国家秘密”包括绝密、机密和秘密三种，“情报”是指关系国家安全和利益的非公开事项，“境外”包括港、澳、台地区。本案中，会议报告送审稿属于绝密，是国家秘密的一种，外国记者李某属于境外人员，行为人孙某为谋私利，将报告非法提供给境外人员，构成为境外窃取、刺探、收买、非法提供国家秘密、情报罪。

法条链接

《中华人民共和国刑法》

第一百一十一条　为境外的机构、组织、人员窃取、刺探、收买、非法提供国家秘密或者情报的，处五年以上十年以下有期徒刑；

情节特别严重的，处十年以上有期徒刑或者无期徒刑；情节较轻的，处五年以下有期徒刑、拘役、管制或者剥夺政治权利。

温馨提示

作为公民，我们有义务保守国家秘密，维护国家安全。有关机关、团体、组织应当加强国家安全教育，防范个别人员为谋个人私利，泄露国家秘密，危害国家安全。我们每个人都应当加强有关国家安全法律法规的学习，自觉维护国家安全。

自测小题

判断：为港、澳、台地区的机构、组织、人员窃取、刺探、收买、非法提供国家秘密或者情报，构成为境外窃取、刺探、收买、非法提供国家秘密、情报罪。(　)①

偷窨井盖，构成犯罪吗？

案例实录

43 岁的周某以收废品为生。2020 年 8 月，周某驾驶三轮车在经过某地时，发现地面上有 3 个铁制窨井盖。等到当晚 9 点 30 分左右，周某见四下无人，就把这 3 个窨井盖搬到三轮车上。偷走窨井盖后，周某并未在 3 个窨井周围放置警示标志。不过幸运的是，当地相关部门第二天清晨发现窨井盖被盗后及时修复，未给车辆和行人造成伤害。第二天，周某将 3 个窨井盖倒卖，获利 150 元。经测量，井口直径约为 50 厘米。经鉴定，3 个窨井盖市场价值为 400 元。周某偷窨井盖的行为是否构成犯罪？

① 解答：正确。

律师分析

周某构成破坏交通设施罪。《刑法》第一百一十七条对破坏交通设施罪作出了规定，构成本罪，不要求发生实际的危害结果，只要行为人实施了破坏轨道、公路等行为，足以使火车、汽车等发生倾覆、毁坏的危险，行为人即构成本罪，要承担3年以上10年以下有期徒刑的刑事责任。若发生严重的危害结果，则加重处罚，处10年以上有期徒刑、无期徒刑或者死刑。本案中，周某窃取窨井盖，尚不构成盗窃罪。但其窃取正在使用中的社会机动车通行道路上的窨井盖，未采取任何警示措施，给路上的车辆和行人埋下了安全隐患，足以使汽车、电车等发生倾覆、毁坏的危险，虽然尚未造成任何伤害，但仍构成了破坏交通设施罪，应对其在3年以上10年以下有期徒刑的幅度内量刑。

法条链接

《中华人民共和国刑法》

第一百一十七条　破坏轨道、桥梁、隧道、公路、机场、航道、灯塔、标志或者进行其他破坏活动，足以使火车、汽车、电车、船只、航空器发生倾覆、毁坏危险，尚未造成严重后果的，处三年以上十年以下有期徒刑。

温馨提示

我们每个人都是社会生活中的一员，轨道、桥梁、公路等都属于公共交通设施，伴随着我们的日常生活。公共交通设施遭到破坏，影响的是每一个人。不要为了蝇头微利，损人不利己。我们应该自觉维护公共交通设施和公共安全。

自测小题

选择：关于破坏交通设施罪，下列说法正确的是（　）①

A. 只有造成了一定的危害后果，才成立破坏交通设施罪

B. 尚未造成一定的危害后果，也可能成立破坏交通设施罪

C. 破坏交通设施，造成了严重后果，一定构成犯罪

买卖、储存剧毒化学品构成犯罪吗？

案例实录

王某在未取得剧毒化学品购买、使用许可的情况下，向周某购买氰化钠。2018 年 10 月至 2019 年 7 月，王某先后 6 次以每桶 990 元的价格向周某购买氰化钠，共支付给周某 356400 元。王某将购买的氰化钠储存在其承包的带锁仓库内，用于生产电镀。王某的行为是否构成犯罪？

律师分析

王某构成非法买卖、储存危险物质罪。《刑法》第一百二十五条第二款对非法制造、买卖、运输、储存危险物质罪作出了规定，危险物质主要包括毒害性、放射性、传染病病原体等物质，对危险物质进行上述四种行为，危害公共安全的，处 3 年以上 10 年以下有期徒刑；情节严重的，处 10 年以上有期徒刑、无期徒刑或者死刑。本案中，氰化钠属于剧毒化学品，对人体和环境具有极大的毒害性和危险性，被列入危险化学品名录，受严格的监督管理，被限制使用，属于本条所规定的毒害性物质。王某在未取得购买、储存氰化钠的行政许可的

① 解答：BC。

情形下，明知其剧毒化学品的属性，仍擅自买卖、储存，对人民群众的生命健康、财产安全产生了现实的威胁，足以危害公共安全，构成非法买卖、储存危险物质罪。

法条链接

《中华人民共和国刑法》

第一百二十五条　非法制造、买卖、运输、邮寄、储存枪支、弹药、爆炸物的，处三年以上十年以下有期徒刑；情节严重的，处十年以上有期徒刑、无期徒刑或者死刑。

非法制造、买卖、运输、储存毒害性、放射性、传染病病原体等物质，危害公共安全的，依照前款的规定处罚。

单位犯前两款罪的，对单位判处罚金，并对其直接负责的主管人员和其他直接责任人员，依照第一款的规定处罚。

温馨提示

枪支、弹药、爆炸物、毒害性物质、放射性物质、传染病病原体等均具有危险性，受国家管制，不能随意制造、买卖、运输和储存。相关单位和个人不要抱有侥幸心理，要遵守国家法律法规，办好行政许可、审批等手续，将公共安全放在重要位置。

自测小题

填空：非法制造危险物质罪中的危险物质包括______、______和______等。①

① 解答：毒害性物质、放射性物质、传染病病原体。

庄稼地里焚烧秸秆引发森林火灾是否构成犯罪？

案例实录

杨某是一个十分勤劳的农民。2019 年 11 月，杨某在自家庄稼地里整理废弃的秸秆。整理完毕后，在未采取任何防火措施的情况下，用事先准备的打火机点燃秸秆。不巧忽然一阵大风，将燃烧的秸秆叶子吹到了旁边的山林里，导致山林起火，造成直接经济损失约 220 万元。火灾发生后，当地村民、消防人员迅速反应、积极救火，在扑救过程中不幸有 5 人重伤、3 人死亡。杨某是否构成犯罪？

律师分析

杨某构成失火罪。《刑法》第一百一十五条对失火罪作出了规定。构成失火罪，行为人主观上没有放火的故意，只是因为某些行为导致了火灾，行为人主观上不希望危害结果的发生。本案中，村民杨某只是为了采用点火的方式清理秸秆，无放火故意，但其能够认识到自身的行为可能导致火灾，却抱有侥幸心理，不幸因为大风和没有防火措施，最终造成严重的森林火灾，带来巨大的人员伤亡和财产损失。杨某构成失火罪，应处 3 年以上 7 年以下有期徒刑。《刑法》第一百一十四条和第一百一十五条中规定了多个罪名，包括放火罪、决水罪、爆炸罪、投放危险物质罪、以危险方法危害公共安全罪 5 个故意犯罪，以及失火罪、过失决水罪、过失爆炸罪、过失投放危险物质罪、过失以危险方法危害公共安全罪 5 个过失犯罪。

法条链接

《中华人民共和国刑法》

第一百一十四条　放火、决水、爆炸以及投放毒害性、放射性、传染病病原体等物质或者以其他危险方法危害公共安全，尚未造成严重后果的，处三年以上十年以下有期徒刑。

第一百一十五条 放火、决水、爆炸以及投放毒害性、放射性、传染病病原体等物质或者以其他危险方法致人重伤、死亡或者使公私财产遭受重大损失的，处十年以上有期徒刑、无期徒刑或者死刑。

过失犯前款罪的，处三年以上七年以下有期徒刑；情节较轻的，处三年以下有期徒刑或者拘役。

温馨提示

消防安全无小事，时时处处要留心。在野外、庄稼地里焚烧杂草、秸秆等，不仅会污染空气，还可能引发大规模的火灾。应当充分发挥新闻媒体的作用，宣传这种行为的危害性和相关法律法规，禁止焚烧。

自测小题

判断：甲想杀死乙，在一个空旷的地方，通过放火的手段烧死了乙，并未产生公共危险、危害公共安全。行为人甲不构成放火罪，而构成故意杀人罪。(　)①

为报私仇在食堂桶装饮用水中投放老鼠药是否构成犯罪?

案例实录

曾某在姜某的砂场工作，2018 年 3 月，曾某因琐事与姜某发生争执，后未结算工资离开。2018 年 4 月至 2019 年 5 月，曾某多次与姜

① 解答：正确。

某就工资问题进行交涉，姜某因不满曾某的行为一直未结算工资，还时常对曾某恶言相向。2019 年 5 月 28 日上午，曾某再次来到砂场向姜某讨要工资，姜某态度坚定，拒绝支付。曾某怀恨在心，欲杀死姜某。曾某知道姜某中午在砂场食堂就餐，于是准备了老鼠药来到食堂，打算投放在一种姜某必定食用的食物上。经过思考，曾某将老鼠药投放在食堂的桶装饮用水中。然而当天中午，食堂工作人员恰巧换了一桶桶装水。请问曾某是否构成犯罪？

律师分析

曾某构成投放危险物质罪。《刑法》第一百一十四条和第一百一十五条对投放危险物质罪作出了规定，它是指投放毒害性、放射性、传染病病原体等物质，危害公共安全，尚未造成严重后果或已经造成严重后果的行为。构成本罪，不要求实际发生危害公共安全的严重后果，只要行为人实施了投放危险物质的行为，该行为有产生危害公共安全的可能，就构成投放危险物质罪，如果造成严重后果则会加重处罚。本案中，虽然曾某只想杀死姜某，但其在食堂的桶装水中投放老鼠药，食堂人员密集，有大量员工喝水、就餐，因此曾某的行为具有危害公共安全的可能，而老鼠药属于毒害性物质，曾某构成投放危险物质罪。由于没有造成严重后果，应对其在 3 年以上 10 年以下有期徒刑的幅度内进行处罚。

法条链接

《中华人民共和国刑法》

第一百一十四条　放火、决水、爆炸以及投放毒害性、放射性、传染病病原体等物质或者以其他危险方法危害公共安全，尚未造成严重后果的，处三年以上十年以下有期徒刑。

第一百一十五条　放火、决水、爆炸以及投放毒害性、放射性、传染病病原体等物质或者以其他危险方法致人重伤、死亡或者使公私财产遭受重大损失的，处十年以上有期徒刑、无期徒刑或者死刑。

过失犯前款罪的，处三年以上七年以下有期徒刑；情节较轻的，处三年以下有期徒刑或者拘役。

温馨提示

放火罪、决水罪、爆炸罪和投放危险物质罪一样，不要求发生实际的危害公共安全的结果，只要行为人实施了相应的犯罪行为，该行为有危害公共安全的可能，就构成相应的犯罪。所谓“公共安全”是指不特定多数人的安全。

自测小题

选择：关于投放危险物质罪，下列说法正确的是（　）[①]

A. 危险物质是指毒害性、放射性、传染病病原体等物质

B. 构成投放危险物质罪，要求发生危害公共安全的犯罪结果

C. 只要行为人实施了投放危险物质的行为，该行为有危害不特定多数人安全的可能，行为人就构成投放危险物质罪，如果发生严重的后果则会加重处罚

在哪些情况下，司机会构成交通肇事罪？

案例实录

2019 年 7 月，蒋某穿拖鞋驾驶私家车回家。蒋某驾车沿某路由南

① 解答：AC。

向北行驶到某路口将要左转弯时遇到红灯，遂停车等候。待信号灯变为绿灯后，蒋某未靠近路中心线左侧转弯，左转弯弧度过小，使得车辆驶上道路中央分隔带。蒋某情急之下，错将油门当作脚刹连续踩踏，致使车辆持续加速，直至失控，最终导致一人死亡、两人重伤。经事故责任鉴定，蒋某负事故全部责任。那么，蒋某是否构成交通肇事罪？

律师分析

蒋某构成交通肇事罪。《刑法》第一百三十三条对交通肇事罪作出了规定，违反交通法规，发生交通事故，造成人员重伤、死亡或者公私财产重大损失的，构成交通肇事罪。交通肇事后逃逸或者有其他特别恶劣情节，加重处罚。因逃逸致人死亡，再加重处罚。《最高人民法院关于审理交通肇事刑事案件具体应用法律若干问题的解释》（以下简称《交通肇事刑事案件司法解释》）第二条至第五条分别对不同量刑幅度的犯罪情形作出了细化规定。其中，交通肇事导致死亡一人或者重伤三人以上，负事故全部或者主要责任的，构成交通肇事罪，在3年以下有期徒刑或者拘役的幅度内量刑。本案中，蒋某违反“向左转弯时，靠路口中心点左侧转弯”的规定，因而发生重大事故，导致一人死亡、两人重伤，且负事故全责，符合《刑法》第一百三十三条和《交通肇事刑事案件司法解释》第二条第一款第一项的规定，所以其构成了交通肇事罪。

法条链接

《中华人民共和国刑法》

第一百三十三条　违反交通运输管理法规，因而发生重大事故，致人重伤、死亡或者使公私财产遭受重大损失的，处三年以下有期徒刑或者拘役；交通运输肇事后逃逸或者有其他特别恶劣情节的，处三年以上七年以下有期徒刑；因逃逸致人死亡的，处七年以上有期徒刑。

《最高人民法院关于审理交通肇事刑事案件具体应用法律若干问题的解释》

第二条　交通肇事具有下列情形之一的，处三年以下有期徒刑或者拘役：

（一）死亡一人或者重伤三人以上，负事故全部或者主要责任的；

（二）死亡三人以上，负事故同等责任的；

（三）造成公共财产或者他人财产直接损失，负事故全部或者主要责任，无能力赔偿数额在三十万元以上的。

交通肇事致一人以上重伤，负事故全部或者主要责任，并具有下列情形之一的，以交通肇事罪定罪处罚：

（一）酒后、吸食毒品后驾驶机动车辆的；

（二）无驾驶资格驾驶机动车辆的；

（三）明知是安全装置不全或者安全机件失灵的机动车辆而驾驶的；

（四）明知是无牌证或者已报废的机动车辆而驾驶的；

（五）严重超载驾驶的；

（六）为逃避法律追究逃离事故现场的。

第三条　“交通运输肇事后逃逸”，是指行为人具有本解释第二条第一款规定和第二款第（一）至（五）项规定的情形之一，在发生交通事故后，为逃避法律追究而逃跑的行为。

第四条　交通肇事具有下列情形之一的，属于“有其他特别恶劣情节”，处三年以上七年以下有期徒刑：

（一）死亡二人以上或者重伤五人以上，负事故全部或者主要责任的；

（二）死亡六人以上，负事故同等责任的；

（三）造成公共财产或者他人财产直接损失，负事故全部或者主要责任，无能力赔偿数额在六十万元以上的。

第五条 “因逃逸致人死亡”，是指行为人在交通肇事后为逃避法律追究而逃跑，致使被害人因得不到救助而死亡的情形。

交通肇事后，单位主管人员、机动车辆所有人、承包人或者乘车人指使肇事人逃逸，致使被害人因得不到救助而死亡的，以交通肇事罪的共犯论处。

温馨提示

交通肇事罪有三个层次的量刑幅度。构成犯罪，处 3 年以下有期徒刑或拘役；肇事后逃逸或者有其他特别恶劣情节，处 3 年以上 7 年以下有期徒刑；因逃逸致人死亡，处 7 年以上有期徒刑。至于哪些情形构成犯罪、什么是肇事后逃逸、其他特别恶劣情节是指什么、因逃逸致人死亡如何理解，《交通肇事刑事案件司法解释》第二条至第五条进行了明确说明。

自测小题

选择：关于交通肇事罪，下列说法错误的是（ ）[①]

A. 行为人严重超载且闯红灯，发生交通事故，导致一人重伤，且负事故全部责任，不构成交通肇事罪

B. 交通肇事后逃逸的，处 3 年以上 7 年以下有期徒刑

C. 交通肇事，因逃逸致人死亡的，处 7 年以上有期徒刑

① 解答：A。

指使肇事司机逃逸，构成交通肇事罪的共犯吗？

案例实录

孙某开车违反交通规则，不慎撞死行人秦某，造成行人李某重伤。孙某下车想要救李某，此时坐在副驾驶的妻子侯某指使孙某逃逸，不要救人。结果，李某因为未得到及时的救助而死亡。司机孙某违反交通运输管理法规，因而发生重大事故，导致一人死亡，一人重伤，且负事故主要责任，构成交通肇事罪。而且孙某为逃避法律追究而逃跑，致使被害人李某因得不到救助而死亡，属于因逃逸致人死亡。乘车人侯某在孙某交通肇事后指使其逃逸，是否构成交通肇事罪共犯？

律师分析

乘车人侯某构成交通肇事罪的共犯。《交通肇事刑事案件司法解释》第五条第二款规定，交通肇事后，乘车人指使肇事人逃逸，导致被害人因得不到及时救助而死亡，对乘车人以交通肇事罪的共犯论处。本案中，侯某作为乘车人，在驾驶人孙某交通肇事导致一死一重伤之后，教唆孙某逃跑，不救治重伤的被害人李某，导致其因得不到救治而死亡，按照司法解释的规定，侯某构成交通肇事罪的共犯。

法条链接

《最高人民法院关于审理交通肇事刑事案件具体应用法律若干问题的解释》

第五条　“因逃逸致人死亡”，是指行为人在交通肇事后为逃避法律追究而逃跑，致使被害人因得不到救助而死亡的情形。

交通肇事后，单位主管人员、机动车辆所有人、承包人或者乘车人指使肇事人逃逸，致使被害人因得不到救助而死亡的，以交通肇事罪的共犯论处。

温馨提示

驾驶人应当遵守交通运输管理法规，安全驾驶。一旦不慎发生交通事故，也要及时救治被害人，尽可能降低损害。不要妄图逃避法律监管，更不要忽视他人的生命。与驾驶人相关的乘车人、单位主管人员、机动车辆所有人和承包人等也不应教唆肇事人逃逸，否则可能构成交通肇事罪的共犯。逃避担责造成更严重的损害只会加重自身的责任。

自测小题

选择：关于交通肇事罪，下列说法正确的是（　）①

A. “交通运输肇事后逃逸”是指行为人在交通肇事后为逃避法律追究而逃跑的行为

B. “因逃逸致人死亡”是指行为人构成交通肇事罪后，为逃避法律监管逃跑，导致被害人因得不到救治而死亡

C. 乘车人指使肇事司机逃逸，不构成交通肇事罪的共犯

发生安全事故后，不报事故情况，贻误抢救造成人员伤亡，是否构成犯罪？

案例实录

杨某担任某煤矿矿长。2020 年 9 月，该煤矿井下 15 层 06 场子面

① 解答：AB。

发生顶板事故，当时共有4名工人甲、乙、丙、丁作业。事故发生后，工人甲迅速向地面调度室报告。地面调度员及时反应，向矿长报告。矿长杨某立刻组织救援，但未按照规定向有关部门和政府报告煤矿发生重大事故，贻误了抢救，最终4名工人均死亡。事后，杨某对该事故不报告，将工人秘密火化，逃避事故核查。杨某是否构成犯罪？

律师分析

杨某构成不报安全事故罪。《刑法》第一百三十九条之一对不报、谎报安全事故罪作出了规定，在安全事故发生后，负有报告职责的人员应当及时向有关部门和政府报告，不报或谎报，导致延误抢救，情节严重的，构成本罪。负有报告职责的人员包括生产经营单位的负责人、实际控制人、负责生产经营管理的投资人等，不报、谎报是行为人出于隐瞒、欺骗等目的，使得抢救被贻误，导致发生死伤人数增加、经济损失扩大等事故后果。本案中，作为矿长，杨某负有报告职责，其出于隐瞒目的故意不报告发生安全事故，导致贻误救援，使得4名工人均失去了生存机会，情节严重，构成了不报安全事故罪。

法条链接

《中华人民共和国刑法》

第一百三十九条之一　在安全事故发生后，负有报告职责的人员不报或者谎报事故情况，贻误事故抢救，情节严重的，处三年以下有期徒刑或者拘役；情节特别严重的，处三年以上七年以下有期徒刑。

温馨提示

各个公司、企业等应当严格遵守安全规范，标准作业，将员工生命安全放在首位。一旦发生安全责任事故，要及时、如实上报，不要不报、瞒报，企图减轻或者逃避责任，这样只会适得其反。

自测小题

选择：关于不报、谎报安全事故罪，下列说法正确的是（　）[①]

A. 在安全事故发生后，负有报告职责的人员不报事故情况的，构成不报安全事故罪

B. 在安全事故发生后，负有报告职责的人员谎报事故情况，贻误事故抢救，情节严重的，构成谎报安全事故罪

原本依法配备枪支的人员在配备条件消除后私藏枪支，是否构成犯罪？

案例实录

张某是某省的一名刑警，今年退休了。张某十分喜欢武侠小说，喜欢行侠仗义，在担任刑警的时候，他可以佩带枪支，保护人民，惩治罪犯。这下张某要退休了，可是坏人没有"退休"。张某想在退休后，继续保护人民、惩恶扬善。在退休后，他故意未上交自己原本配备的枪支，准备留作己用。那么，张某是否构成犯罪？

律师分析

张某构成非法私藏枪支罪。《刑法》第一百二十八条对非法持有、私藏枪支、弹药罪作出了规定，其中违反枪支管理规定，非法私藏枪支的，处3年以下有期徒刑、拘役或者管制；情节严重的，处3年以

① 解答：B。

上7年以下有期徒刑。非法持有是指无合法根据却占有或控制枪支、弹药；非法私藏是指原本依法配备、配置枪支、弹药的人员，在不具备配备、配置条件后，私自藏匿，拒不交出枪支弹药的行为。《枪支管理法》第五条列举了可以配备枪支的具体人员，其中包括公安机关因工作需要必须佩带枪支的人员。本案中，张某原本是一名刑警，依法具有配备枪支资格，在退休后，张某的资格消失，但其出于个人目的，故意私藏枪支，拒不交出，构成非法私藏枪支罪。

法条链接

《中华人民共和国刑法》

第一百二十八条　违反枪支管理规定，非法持有、私藏枪支、弹药的，处三年以下有期徒刑、拘役或者管制；情节严重的，处三年以上七年以下有期徒刑。

依法配备公务用枪的人员，非法出租、出借枪支的，依照前款的规定处罚。

依法配置枪支的人员，非法出租、出借枪支，造成严重后果的，依照第一款的规定处罚。

单位犯第二款、第三款罪的，对单位判处罚金，并对其直接负责的主管人员和其他直接责任人员，依照第一款的规定处罚。

温馨提示

构成非法持有、私藏枪支、弹药罪并不要求行为人使用枪支、弹药，更不要求行为人因为使用枪支、弹药造成危害后果。普通公民不要因为好奇心理而持有枪支。依法配备枪支的人员在失去配备资格后要及时上交枪支。

自测小题

选择：判断下列哪一选项行为人构成非法私藏枪支罪？（　）①

A. 无业游民甲因好奇打枪是什么感觉，通过网购零件等方式，组装得到一把枪

B. 人民法院依法配备枪支的人员乙在下岗离职后，拒不上交枪支，留作己用

公交司机严重超载属于犯罪行为吗？

案例实录

田某今年52岁，担任某公交公司的司机。田某常年负责从市公交总站到市高铁站线路的旅客运输，其驾驶车辆额定载客量为36人。2019年9月31日，因国庆假期返家探亲，高铁站乘客量剧增，很多乘客都需要乘坐田某驾驶的公交车。当公交车满员后，车下的旅客纷纷央求田某让自己上车，大家挤一挤，早点回家。若田某同意大家的请求，一次载客60人，是否构成犯罪？

律师分析

若田某一次载客60人，其构成危险驾驶罪。《刑法》第一百三十三条之一对危险驾驶罪作出了规定，本罪共包括四种行为方式：（1）追逐竞驶，情节恶劣，比如两车疯狂飙车，无视行人、对方、其他车辆，造成伤亡；（2）醉酒驾车；（3）校车或公交车等严重超载或严重超速，此时不要求情节恶劣，不要求造成危害结果，只要符合主体要求，具备严重超载或严重超速任何情形之一就构成本罪；（4）违反相

① 解答：B。

关规定运输化学品，危害公共安全的。本案中，从事旅客运输的公交司机田某，若载客量达到额定载客量的将近2倍，构成危险驾驶罪。

法条链接

《中华人民共和国刑法》

第一百三十三条之一　在道路上驾驶机动车，有下列情形之一的，处拘役，并处罚金：

（一）追逐竞驶，情节恶劣的；

（二）醉酒驾驶机动车的；

（三）从事校车业务或者旅客运输，严重超过额定乘员载客，或者严重超过规定时速行驶的；

（四）违反危险化学品安全管理规定运输危险化学品，危及公共安全的。

机动车所有人、管理人对前款第三项、第四项行为负有直接责任的，依照前款的规定处罚。

有前两款行为，同时构成其他犯罪的，依照处罚较重的规定定罪处罚。

温馨提示

出行常伴你我，安全切莫忘记。飙车疯狂做英雄，闯出祸来你担责。不要因为追求刺激而追逐竞驶，任何时候都要将安全放在第一位。喝酒不开车，开车不喝酒，严禁酒后驾车，严禁醉酒驾车。从事校车或旅客运输业务，要遵守相关规定，不超载、不超速，安全第一。运输危险品要遵守相关规定，做好安全措施。

自测小题

选择：下列哪些情形行为人构成危险驾驶罪？（　）①

A. 甲在道路上驾驶机动车，疯狂加速，不间歇地完成超车动作，情节恶劣

B. 乙醉酒后在道路上驾驶机动车

C. 校车司机丙，在限速40km/h的道路上以60km/h的速度行驶

D. 丁不采取安全防范措施，运输危险化学品，危险品泄漏，影响不特定人的安全

① 解答：ABCD。

第八章

关于贪污贿赂、渎职的犯罪

挪用扶贫款炒股，构成何罪？

案例实录

黎某是A县某贫困村村长，在一次与朋友吃饭聚会中了解到炒股的收益，便一心想炒股。为了获取炒股资金，黎某利用职务上的便利，挪用了县财政局拨给该村的扶贫款28万元，然后将全部扶贫款用于个人炒股，共计获利2.5万元。黎某尝到甜头后，想着请朋友吃饭再了解最新的炒股行情，于是在家做了一桌好菜招待，席间喝多了，不小心将自己挪用扶贫款的事情透露了出来，被路过的村民何某听见。何某第二天就打电话向县公安局举报，后黎某被立案侦查。那么，挪用扶贫款炒股，构成何罪？

律师分析

挪用公款罪，是指国家工作人员和其他依照法律从事公务的人员利用职务上的便利，挪用公款归个人使用的行为。事实上，“挪用”行为的本质是将公款由公用转为私用，私用既包括挪用者本人使用，也包括给他人或者以个人名义给其他单位使用。具体来讲，挪用公款归个人使用的具体情形可分为：（1）挪用公款进行赌博、走私等非法活动的，此类情形一般不受“数额较大”和挪用时间的限制；（2）挪用公款数额较大、超过3个月未还的；（3）挪用公款数额较大、进行营利活动。根据《最高人民法院、最高人民检察院关于办理贪污贿赂刑事案件适用法律若干问题的解释》的有关规定，挪用公款进行非法活动，数额在3万元以上的，可定罪追究刑事责任；“数额较大”指的是挪用公款进行营利活动或者超过3个月未还，数额在5万元以上的；“数额巨大”指的是挪用公款进行非法活动，数额在300万元以上的以及挪用公款进行营利活动或者超过3个月未还，数额在500万元以上的。本案中，黎某作为贫困村村长，在工作中利用职务上的便利，擅自挪用县财政局拨给该村的28万元扶贫款进行个人炒股，属于挪用公款进行营利活动且数额较大的情形，成立挪用公款罪。所以，村长挪用扶贫款进行炒股的行为，构成挪用公款罪。

法条链接

《中华人民共和国刑法》

第三百八十四条　国家工作人员利用职务上的便利，挪用公款归个人使用，进行非法活动的，或者挪用公款数额较大、进行营利活动的，或者挪用公款数额较大、超过三个月未还的，是挪用公款罪，处五年以下有期徒刑或者拘役；情节严重的，处五年以上有期徒刑。挪用公款数额巨大不退还的，处十年以上有期徒刑或者无期徒刑。

挪用用于救灾、抢险、防汛、优抚、扶贫、移民、救济款物归个人使用的，从重处罚。

《最高人民法院、最高人民检察院关于办理贪污贿赂刑事案件适用法律若干问题的解释》

第五条　挪用公款归个人使用，进行非法活动，数额在三万元以上的，应当依照刑法第三百八十四条的规定以挪用公款罪追究刑事责任；数额在三百万元以上的，应当认定为刑法第三百八十四条第一款规定的“数额巨大”。具有下列情形之一的，应当认定为刑法第三百八十四条第一款规定的“情节严重”：

（一）挪用公款数额在一百万元以上的；

（二）挪用救灾、抢险、防汛、优抚、扶贫、移民、救济特定款物，数额在五十万元以上不满一百万元的；

（三）挪用公款不退还，数额在五十万元以上不满一百万元的；

（四）其他严重的情节。

第六条　挪用公款归个人使用，进行营利活动或者超过三个月未还，数额在五万元以上的，应当认定为刑法第三百八十四条第一款规定的“数额较大”；数额在五百万元以上的，应当认定为刑法第三百八十四条第一款规定的“数额巨大”。具有下列情形之一的，应当认定为刑法第三百八十四条第一款规定的“情节严重”：

（一）挪用公款数额在二百万元以上的；

（二）挪用救灾、抢险、防汛、优抚、扶贫、移民、救济特定款物，数额在一百万元以上不满二百万元的；

（三）挪用公款不退还，数额在一百万元以上不满二百万元的；

（四）其他严重的情节。

温馨提示

根据《全国人民代表大会常务委员会关于〈中华人民共和国刑法〉第九十三条第二款的解释》，“其他依照法律从事公务的人员”指的是协助人民政府从事下列行政管理工作的村基层组织的人员：(1）救灾、抢险、防汛、优抚、扶贫、移民、救济款物的管理；(2）社会捐助公益事业款物的管理；(3）国有土地的经营和管理；(4）土地征收、征用补偿费用的管理；(5）代征、代缴税款；(6）有关计划生育、户籍、征兵工作；(7）协助人民政府从事的其他行政管理工作。

自测小题

选择：下列哪些说法是正确的？（　）[①]

A. 甲是某村委会干部，负责管理社会捐赠等公益事业款物，在工作中利用职务上的便利挪用社会捐款5万元进行赌博，甲的行为构成挪用公款罪

B. 乙是某民营企业的会计，因购房首付款不足，就利用自己的职务便利挪用公款8万元，后被企业领导发现，乙的行为构成挪用公款罪

C. 丙是某县林业局的办公室主任，因好朋友借钱急用，于是挪用公款6万元借给朋友，之后一个月内就把公款归还了，丙的行为构成挪用公款罪

D. 丁是某县财政局副局长，因妻子赌博欠下了30万元借款，便利用职务上的便利挪用公款10万元进行还款救急，超过3个月还没有归还，丁的行为构成挪用公款罪

国家机关工作人员不小心泄露了国家机密，也会受到刑事处罚吗？

案例实录

龚某是B县林业局某退耕办常务副主任。为了工作方便，龚某在进行B县某工程设计时，将3件国家基本比例尺为1∶50000的B县部分乡镇地形图（系机密级国家秘密，保密期限为长期）扫描至其使用的连接国际互联网的非涉密计算机中进行作业设计，且将这3件地形图存储至该计算机硬盘内，后又多次将该台计算机连接国际互联网，

① 解答：AD。

直至被市保密局的一次例行检查发现。请问国家机关工作人员不小心泄露了国家机密，也会受到刑事处罚吗？

律师分析

过失泄露国家秘密罪是指行为人违反保守国家秘密法（不仅包括《保守国家秘密法》和《保守国家秘密法实施条例》，还包括各项有关国家机关的具体保密规定），过失泄露国家秘密，或者遗失国家秘密载体，致使国家秘密超出了限定的接触范围或者被不应知悉者知悉，情节严重的行为。本罪要求行为人对国家秘密具有保密注意的义务。具体而言，保密注意义务可以产生于保密法律法规或者规章的规定，业务、职务上的要求，委托或合同里的规定或者基于某种先行行为导致应当承担保密义务的。需要注意的是，过失泄露国家秘密的行为必须要求情节严重才能构成犯罪，如果不属于情节严重，即使客观上存在泄露国家秘密的行为也不能予以定罪处罚。按照《最高人民检察院关于渎职侵权犯罪案件立案标准的规定》的相关规定，过失泄露国家秘密案涉嫌下列情形之一的，应予立案：（1）泄露绝密级国家秘密1项（件）以上的；（2）泄露机密级国家秘密3项（件）以上的；（3）泄露秘密级国家秘密4项（件）以上的；（4）违反保密规定，将涉及国家秘密的计算机或者计算机信息系统与互联网相连接，泄露国家秘密的；（5）泄露国家秘密或者遗失国家秘密载体，隐瞒不报、不如实提供有关情况或者不采取补救措施的；（6）其他情节严重的情形。本案中，龚某作为国家机关工作人员，在从事公务过程中违反保守国家秘密法的规定，因疏忽大意将3件国家机密级乡镇地形图存入其使用的计算机，后将该计算机连接互联网，导致国家秘密超出了限定的接触范围，构成过失泄露国家秘密罪。所以，国家机关工作人员不小心泄露了国家机密，情节严重的也会受到刑事处罚。

法条链接

《中华人民共和国刑法》

第三百九十八条　国家机关工作人员违反保守国家秘密法的规定，故意或者过失泄露国家秘密，情节严重的，处三年以下有期徒刑或者拘役；情节特别严重的，处三年以上七年以下有期徒刑。

非国家机关工作人员犯前款罪的，依照前款的规定酌情处罚。

《最高人民检察院关于渎职侵权犯罪案件立案标准的规定》

一、渎职犯罪案件

（四）过失泄露国家秘密案（第三百九十八条）

……

涉嫌下列情形之一的，应予立案：

1. 泄露绝密级国家秘密1项（件）以上的；
2. 泄露机密级国家秘密3项（件）以上的；
3. 泄露秘密级国家秘密4项（件）以上的；
4. 违反保密规定，将涉及国家秘密的计算机或者计算机信息系统与互联网相连接，泄露国家秘密的；
5. 泄露国家秘密或者遗失国家秘密载体，隐瞒不报、不如实提供有关情况或者不采取补救措施的；
6. 其他情节严重的情形。

温馨提示

在司法实践中，如果行为人存在非法获取国家秘密后又过失泄露的情形，一般不实行数罪并罚，而是依照其中的一罪从重处罚。如果是军人过失泄露军事秘密，应以特别法条规定的军人过失泄露军事秘密罪予以定罪处罚。

自测小题

选择：关于过失泄露国家秘密罪，下列哪些说法是正确的？（　）[1]

A. 赵某以牟利为目的，在全国一级建造师执业资格考试前，向部分参加考试的考生提供橡皮擦形状的无线电接收设备，并在考试期间通过无线电向多名考生发送试题及答案，赵某的行为构成过失泄露国家秘密罪

B. 钱某利用网络技术非法获取国家秘密后又过失泄露，钱某的行为构成非法获取国家秘密罪和过失泄露国家秘密罪，应当数罪并罚

C. 孙某在下班回家的路上拾到4份秘密级国家秘密文件，后不小心将该文件遗失，里面的内容泄露了出去，孙某构成过失泄露国家秘密罪

D. 李某是某人民法院的法官助理，在一次异地开庭中不小心将含有国家秘密的案卷材料遗失，因担心被追责便隐瞒不报，导致案卷材料内容泄露，李某的行为构成过失泄露国家秘密罪

卫生防疫部门的工作人员，不负责任导致传染病流行的，构成犯罪吗？

案例实录

一天，C县人民医院发现疑似麻疹病例，先口头向该县疾病预防控制中心负责人黄某、主任马某汇报，再通过中国疾病预防控制信息系统网络直报一例，后订正为其他。再次发现疑似病例后，也是以同

① 解答：CD。

样的方式进行处理。后因陆续出现疑似麻疹病例，C县卫生局副局长彭某为了C县不被黄牌警告，在召开的疫情防控协调会上要求，医院发现麻疹病例后，不能在病历上写“麻疹”，而应写“肺炎”，且不可以进行网络直报。由于疫情较为严重（628人感染麻疹病，3人医治无效死亡），后上级专家组到C县调查核实麻疹疫情，发现C县有瞒报迟报疫情行为，导致错过了最佳处置时机。那么，卫生防疫部门的工作人员，不负责任导致传染病流行的，构成犯罪吗？

律师分析

传染病防治失职罪是指从事传染病防治工作的政府卫生行政部门的人员严重不负责任，不履行或者不认真履行传染病防治监管职责，导致传染病传播或者流行，情节严重的行为。所谓“严重不负责任”，是指行为人不履行应尽的传染病防治职责或者在履行职务中搪塞敷衍、草率应付、弄虚作假，极端不负责任，没有切实履行应当履行、能够履行的义务。例如，发现有传染病传播或流行的可能，应当采取措施而不采取措施；发现重大疫情应当报告而不报告或者不立即报告、虚假报告；应当监督、检查传染病的预防、监测、治疗和疫情的管理措施而不进行或者不认真负责地进行监督、检查。“情节严重”主要是指上述严重不负责的行为导致传染范围扩大或者疫情、灾情加重的。本案中，被告人彭某身为依法从事传染病防治工作的国家工作人员，在履行传染病防治职责过程中严重不负责任，有意瞒报、迟报麻疹疫情，使得上级有关部门未能及时掌握疫情情况，致使疫情错过了最佳防控时机，传染病麻疹传播和流行范围扩大，造成628人感染麻疹病、3人医治无效死亡的严重后果，成立传染病防治失职罪。所以，卫生防疫部门的工作人员，不负责任导致传染病流行的，也会构成犯罪，构成传染病防治失职罪。

法条链接

《中华人民共和国刑法》

第四百零九条　从事传染病防治的政府卫生行政部门的工作人员严重不负责任，导致传染病传播或者流行，情节严重的，处三年以下有期徒刑或者拘役。

《最高人民法院、最高人民检察院关于办理妨害预防、控制突发传染病疫情等灾害的刑事案件具体应用法律若干问题的解释》

第十六条第二款　在国家对突发传染病疫情等灾害采取预防、控制措施后，具有下列情形之一的，属于刑法第四百零九条规定的“情节严重”：

（一）对发生突发传染病疫情等灾害的地区或者突发传染病病人、病原携带者、疑似突发传染病病人，未按照预防、控制突发传染病疫情等灾害工作规范的要求做好防疫、检疫、隔离、防护、救治等工作，或者采取的预防、控制措施不当，造成传染范围扩大或者疫情、灾情加重的；

（二）隐瞒、缓报、谎报或者授意、指使、强令他人隐瞒、缓报、谎报疫情、灾情，造成传染范围扩大或者疫情、灾情加重的；

（三）拒不执行突发传染病疫情等灾害应急处理指挥机构的决定、命令，造成传染范围扩大或者疫情、灾情加重的；

（四）具有其他严重情节的。

温馨提示

本罪的主体除从事传染病防治的政府卫生行政部门的工作人员外，还包括在受委托代表政府卫生行政部行使职权的组织中从事公务的人员，以及虽未列入政府卫生行政部门人员编制但在政府卫生行政部门从事公务的人员。

自测小题

选择：下列哪些行为构成传染病防治失职罪？(　)[1]

A. 甲是某县卫生局负责传染病防治工作的人员，在该县突发病毒性肝炎时缓报、瞒报疫情，造成肝炎传染范围扩大，导致500人感染肝炎

B. 乙是某县人民医院的传染科主任医师，在一次夜间就诊时发现疑似麻疹病例，由于当时已经凌晨3点，就没有及时向该县疾病预防控制中心报告，导致感染2人

C. 丙是某市疾病预防控制中心主任，在该市可能发生传染病传播时未及时采取预防、控制措施，导致传染范围扩大，造成600多人感染

D. 丁是某县疾病预防控制中心的负责人，由于该县突发某类性质不明的传染病疫情，于是应急处理指挥机构连夜作出有关疫情防控的决定，但是丁接到应急处理指挥机构的决定后拒不执行，导致传染范围扩大，造成752人感染

派出所警察不帮助解救被拐儿童，也可能构成犯罪吗？

案例实录

范某是D县派出所的一名刑警，在一次值班过程中接到张某的报警，称自己13岁的女儿于一个多月前被人拐骗离家至今未归，但近日接到一个匿名电话，声称张某的女儿被关在一家名叫好便宜的小旅馆中，目前身上没有明显的外伤，希望范某尽快前去解救。范某由于

---

① 解答：ACD。

手上有一件重大刑事案件在处理，加上自己觉得这件事不太靠谱，也就没放在心上。隔了几天后，范某接到群众的报警电话，称在好便宜小旅馆发现了一具尸体。经派出所核实身份，证实该尸体正是张某之前被拐骗的女儿。派出所警察不帮助解救被拐儿童，也可能构成犯罪吗？

律师分析

不解救被拐卖、绑架妇女、儿童罪是指负有解救被拐卖、绑架的妇女、儿童职责的国家机关工作人员在接到被拐卖、绑架的妇女、儿童及其家属的解救要求或者其他人的举报后，不进行解救，造成严重后果的行为。本罪的“不进行解救”，是指行为人接到解救要求或者举报后，不采取任何解救措施，或者推诿、拖延解救工作。对此有两点需要注意：(1) 行为人不进行解救的行为要以接到被拐卖、绑架的妇女、儿童及其家属的解救要求或者其他人的举报为前提；(2) 行为人需要具备解救条件，包括得知被解救者的准确信息、具备解救能力等。而“造成严重后果”，主要是指造成被拐卖、绑架的妇女、儿童或者其亲属重伤、死亡等后果，以及引起其他犯罪案件的发生等。本案中，范某作为一名派出所警察，在接到被拐卖儿童家属请求帮助解救的电话后，不把这件事放在心上，也不向所里的领导汇报情况，导致被拐卖的儿童死亡，构成不解救被拐卖儿童罪。所以，派出所警察不帮助解救被拐儿童，也可能构成犯罪。

法条链接

《中华人民共和国刑法》

第四百一十六条第一款　对被拐卖、绑架的妇女、儿童负有解救职责的国家机关工作人员，接到被拐卖、绑架的妇女、儿童及其家属的解救要求或者接到其他人的举报，而对被拐卖、绑架的妇女、儿童不进行解救，造成严重后果的，处五年以下有期徒刑或者拘役。

温馨提示

不解救被拐卖、绑架妇女、儿童罪设立的初衷是加强对妇女、儿童的保护，督促负有解救职责的国家工作人员履职，避免被拐卖、绑架的妇女、儿童因为不帮助解救、解救不及时出现重伤、死亡、精神失常或者被转移、隐匿、转卖等情况。

自测小题

选择：下列关于不帮助解救妇女、儿童的情形，构成犯罪的是（　）①

A. 周某是某县派出所的民警，在一次值班中接到报警电话称，赵某拐卖了一名6岁的儿童，周某不予理睬，也没有将此情况向上级汇报，后来该儿童受了重伤

B. 吴某是某市派出所的民警，一天接到何某报警，称自己7岁的儿子于两个月前被邻居拐骗走，至今下落不明，吴某听后安抚了何某的情绪，但一直没有将该情况报给所长，也没有采取任何解救措施，后来何某因为孩子迟迟没找到而精神失常

C. 郑某是某市公安局的警察，在接到匿名举报电话称有名35岁的妇女被拐卖后没有及时进行解救，后来该妇女的家人通过自己的努力找回了该妇女

D. 王某是某派出所的所长，在一次出警解救被拐卖妇女宁某的过程中，利用职务上的便利，向拐卖者通风报信，导致警察到达时只剩下奄奄一息的宁某

---

① 解答：AB。

国有企业工作人员利用职务之便侵吞公司财产，构成什么罪？

案例实录

小王毕业于国内著名大学，学习成绩优异，毕业之后到某市丝绸公司工作，该公司属于国有企业。小王工作出色，很受领导赏识，很快就从一名普通财会职员成为财务部门的负责人。由于公司所有账目都需要经过小王之手，担任财务主管的他难以抵挡眼前巨大的利益诱惑，于是他利用职务之便侵吞了不少公司的进货款，从一开始的几千元到后来的十几万元之多。后来事发，小王被公安机关逮捕。那么，小王的行为构成什么罪？

律师分析

小王的行为构成贪污罪。构成贪污罪的主体是特殊主体，必须是国家工作人员，同时，还包括受国家机关、国有公司、企业、事业单位、人民团体委托管理、经营国有财产的人员。根据《刑法》第三百八十二条的规定，这类特殊主体利用职务上的便利，侵吞、窃取、骗取或者以其他手段非法占有公共财物的，构成贪污犯罪。贪污罪是一种严重的经济犯罪，严重损害了党和国家的形象，阻碍了社会经济的发展进步，造成了社会的信任危机。根据《刑法》第三百八十三条的规定，对犯贪污罪的，根据情节轻重，处以拘役、有期徒刑、无期徒刑，甚至死刑，并处罚金或者没收财产等。本案中，小王作为国有企业员工，利用职务之便侵吞国家财产，其行为构成贪污罪。

法条链接

《中华人民共和国刑法》

第三百八十二条　国家工作人员利用职务上的便利，侵吞、窃取、骗取或者以其他手段非法占有公共财物的，是贪污罪。

受国家机关、国有公司、企业、事业单位、人民团体委托管理、经营国有财产的人员，利用职务上的便利，侵吞、窃取、骗取或者以其他手段非法占有国有财物的，以贪污论。

与前两款所列人员勾结，伙同贪污的，以共犯论处。

第三百八十三条第一款　对犯贪污罪的，根据情节轻重，分别依照下列规定处罚：

（一）贪污数额较大或者有其他较重情节的，处三年以下有期徒刑或者拘役，并处罚金。

（二）贪污数额巨大或者有其他严重情节的，处三年以上十年以下有期徒刑，并处罚金或者没收财产。

（三）贪污数额特别巨大或者有其他特别严重情节的，处十年以上有期徒刑或者无期徒刑，并处罚金或者没收财产；数额特别巨大，并使国家和人民利益遭受特别重大损失的，处无期徒刑或者死刑，并处没收财产。

温馨提示

国家工作人员依法从事公务行为，其一言一行都代表国家，如有不当会严重影响国家机关在群众心中的形象。因此，国家工作人员要时刻牢记自己手中的权力是人民赋予的，要时刻保持廉洁自律的政治本色，坚决预防和反对腐败。

自测小题

选择：下列哪些行为构成贪污罪？（　）①

A. 某县政府保洁员利用职务之便偷拿保洁工具

B. 某局局长利用职务上的便利侵吞财政拨款

C. 某农业局科长利用职务上的便利骗取农机补贴

D. 某国有企业总经理利用职务上的便利将公司10余台电脑变卖

市长儿子利用父亲职务之便获得不正当利益，构成什么罪？

案例实录

黄某工作能力出色，为人处世也很得体。他从某县的基层科员一路上升为该市的副市长，手中的权力越来越大。2015年起，黄某开始负责该市的地块项目审批，很多房地产开发商为了盈利，不断拉拢、讨好黄某。2020年年初，黄某的儿子小黄找到某房地产老板求职，答应帮助该公司从他父亲那儿获得城郊A地块的开发权，于是房地产聘用小黄为公司副总，该项目20%的分红提前打到小黄的账上。年底时，经人举报事发。那么，本案中黄某的儿子构成什么罪？

律师分析

黄某的儿子小黄构成受贿罪。现实生活中，由于领导干部身份特殊、受人瞩目，不方便收受钱财，以此出现了领导干部“身边人”如配偶、子女等参与受贿的现象。此外，一些已离职的国家工作人员，利用其在职时的影响力，通过其他国家工作人员职务上的行为，为请托人谋取不正当利益，索取或收受请托人财物的现象也时有发生。对

① 解答：BCD。

此，《刑法》第三百八十八条明确规定，国家工作人员利用本人职权或者地位形成的便利条件，通过其他国家工作人员职务上的行为，为请托人谋取不正当利益，索取请托人财物或者收受请托人财物的，以受贿论处。同时，将国家工作人员的近亲属及其他与该国家工作人员关系密切的人也纳入受贿罪的犯罪主体范围。本案中，黄某的儿子小黄利用父亲职务上的影响力，到某房地产公司求职以获得不正当利益，依照法律规定构成受贿罪。

法条链接

《中华人民共和国刑法》

第三百八十八条　国家工作人员利用本人职权或者地位形成的便利条件，通过其他国家工作人员职务上的行为，为请托人谋取不正当利益，索取请托人财物或者收受请托人财物的，以受贿论处。

第三百八十八条之一　国家工作人员的近亲属或者其他与该国家工作人员关系密切的人，通过该国家工作人员职务上的行为，或者利用该国家工作人员职权或者地位形成的便利条件，通过其他国家工作人员职务上的行为，为请托人谋取不正当利益，索取请托人财物或者收受请托人财物，数额较大或者有其他较重情节的，处三年以下有期徒刑或者拘役，并处罚金；数额巨大或者有其他严重情节的，处三年以上七年以下有期徒刑，并处罚金；数额特别巨大或者有其他特别严重情节的，处七年以上有期徒刑，并处罚金或者没收财产。

离职的国家工作人员或者其近亲属以及其他与其关系密切的人，利用该离职的国家工作人员原职权或者地位形成的便利条件实施前款行为的，依照前款的规定定罪处罚。

温馨提示

领导干部必须正确行使人民赋予的权力，清正廉洁。广大领导干部不仅要严格要求自身，而且要树立良好的家风，禁止身边任何亲属利用自己职务上的影响力收受贿赂。好家风是领导干部拒变防腐必须筑牢的第一道防线，领导干部必须从严治家，从点滴入手，防微杜渐。

自测小题

选择：下列哪些行为构成受贿罪？（　）①

A. 张局长为人办事收取10万元好处费

B. 李局长的夫人过年时替丈夫收取“节礼”总计8万元

C. 司局长向办事人索要好处费5万元

D. 退休的胡局长利用影响力为人办事，收受好处费6万元

“拿钱不办事”是否也构成受贿罪？

案例实录

范某与童某二人是医学院的同学，已经多年没有联系。童某从医多年，一直想开设一家诊所，但是经营许可很难获得。童某听人说老同学范某现任该市卫生局局长，便找到范某帮忙。范某知道现在许可指标有限，童某无法获得批准，然而他不好意思驳老同学情面，便答应帮忙试试。童某为了表示感谢，硬塞给范某10万元，范某推托不了便收下了。可是范某知道此事难办便迟迟没有启动，后此事经人举报败露。那么，范某的行为构成受贿罪吗？

律师分析

范某的行为构成受贿罪。《刑法》第三百八十五条规定，受贿罪是指国家工作人员利用职务上的便利，索取他人财物，或者非法收受

① 解答：ABCD。

他人财物，为他人谋取利益的行为。由此可见，受贿罪的表现形式有主动索贿和非法收受他人财物两种形式，主动索贿的成立并不以是否为他人谋取利益为条件，因为该行为具有更大的社会危害性，只要行为人有索贿行为，便构成受贿罪；非法收受他人财物，必须有为他人谋取利益这一条件，但是否为他人谋取到利益并不影响受贿罪的成立。本案中，范某收受了童某的钱，虽然并未为童某谋取到利益，但其行为已经符合受贿罪收受他人财物的要件，按照法律规定仍然成立受贿罪。

法条链接

《中华人民共和国刑法》

第三百八十五条　国家工作人员利用职务上的便利，索取他人财物的，或者非法收受他人财物，为他人谋取利益的，是受贿罪。

国家工作人员在经济往来中，违反国家规定，收受各种名义的回扣、手续费，归个人所有的，以受贿论处。

温馨提示

利用职务上的便利收受财物为他人谋取利益，构成受贿罪。这里的“谋取利益”既包括谋取不正当利益，也包括谋取正当利益，只要存在利用本人职务范围内的权力所形成的便利，不管为他人谋取何种利益，也无论是否谋取到相关利益，都构成受贿罪。

自测小题

选择：下列哪些行为构成受贿罪？（　）[①]

A. 某文化局办公室主任詹某在办公用品采购时收受回扣6万元

① 解答：ABCD。

B. 某教育局局长高某为朋友的孩子办理择校收受5万元

C. 某民政局局长王某审批福利院获得好处费8万元

D. 某市场局科长周某向饭店老板索要好处费3万元

国家机关工作人员在“扫黄打非”行动中向犯罪分子通风报信，犯了什么罪？

案例实录

钱某是某市一辖区派出所所长，担任该职务多年，辖区内很多人都与他熟识，甚至有些人因为工作关系与他成了金钱关系的“好友”。吴某在该辖区经营一家洗浴中心，该洗浴中心存在一些涉黄服务，钱某从来都是睁一只眼，闭一只眼。有一次，全市范围内开展“扫黄打非”专项行动，国家有关部门突击检查各相关场所，钱某得到消息后立即向吴某通风报信。那么，钱某的这种行为构成什么罪？

律师分析

钱某的行为已经构成帮助犯罪分子逃避处罚罪。本罪的主体必须是特殊主体，即只能是负有查禁犯罪活动职责的国家机关工作人员。根据《刑法》第四百一十七条的规定，行为人利用自身查禁犯罪活动的职责便利，向犯罪分子通风报信、提供便利，帮助犯罪分子逃避处罚，构成帮助犯罪分子逃避处罚罪。由此可见，只要有此行为，不论行为的结果如何，都不影响定罪。本案中，钱某作为公安机关工作人员，向犯罪分子通风报信以帮助其逃避处罚，构成了帮助犯罪分子逃避处罚罪。

法条链接

《中华人民共和国刑法》

第四百一十七条　有查禁犯罪活动职责的国家机关工作人员，向犯罪分子通风报信、提供便利，帮助犯罪分子逃避处罚的，处三年以下有期徒刑或者拘役；情节严重的，处三年以上十年以下有期徒刑。

温馨提示

一些负有查禁犯罪活动职责的国家机关工作人员，利用职务上的便利与犯罪分子“勾结”，充当黑恶势力的“保护伞”，纵容了社会风气败坏，影响了社会秩序的和谐稳定，必须坚决予以打击。国家机关工作人员要树立正确的人生观，不能被眼前的利益所蒙蔽，要增强自我约束和管理的能力，努力成为时刻为群众利益着想的人民公仆。

自测小题

选择：下列哪些行为构成帮助犯罪分子逃避处罚罪？（　）[①]

A. 张法官向犯罪分子贾某的家人透露案情，“指点”其如何在庭审时隐匿证据

B. 李警官向毒贩泄露公安机关缉毒行动的有关信息

C. 王警官向黑社会人员提供车辆，帮助其逃匿

D. 孙警官伪造证据，帮助犯罪分子逃避处罚

① 解答：ABC。

不能说明巨额财产来源的，构成何罪？

案例实录

章某是某县县长，他的女儿小章是某大学学生，性格傲娇，经常看不起同学，因此招致很多人的不满。而且，小章喜欢炫富，买了名牌包、名牌表都要在社交平台上晒一晒。后来，网友搜索小章的家庭背景，称她的穿戴用度已经远远超过她的家庭能力承受范围。网友们都开始疯传小章的父亲是大贪官，造成了极为恶劣的社会影响。当地纪检部门介入，经查发现其家庭存款超过正常收入500多万元。纪检机关要求章某说明收入来源，章某拒不交代。那么，章某的行为构成何罪？

律师分析

章某的行为构成巨额财产来源不明罪。巨额财产来源不明罪可以说是贪污罪、受贿罪的一种补充，在无法查清行为人的贪污、受贿行为时，可以此罪论处。《刑法》第三百九十五条第一款规定，国家工作人员不能说明来源的财产明显超过合法收入而且差额巨大的，构成巨额财产来源不明罪。反之，对不是明显超过合法收入，差额部分不属于巨大的，不构成本罪。本案中，章某的家庭财产超过合法收入500多万元，在无法查清来源的情况下章某拒绝说明财产的来源，因此，对章某应当以巨额财产来源不明罪处罚。

法条链接

《中华人民共和国刑法》

第三百九十五条第一款　国家工作人员的财产、支出明显超过合法收入，差额巨大的，可以责令该国家工作人员说明来源，不能说明来源的，差额部分以非法所得论，处五年以下有期徒刑或者拘役；差额特别巨大的，处五年以上十年以下有期徒刑。财产的差额部分予以追缴。

温馨提示

刑法规定此罪，是由于很多国家工作人员的贪污受贿等行为有时候并不能查出来，但是其财产明显超过合法收入，对于超出的部分如果其不能证明是合法所得的，就推定其是非法所得，以巨额财产来源不明罪定罪处罚。当然，如果能够查明是贪污或受贿所得，则以贪污受贿罪追究，不再定此罪。

自测小题

选择：下列哪些行为构成巨额财产来源不明罪？（ ）①

A. 文化局局长钱某将单位50万元公款挪作他用

B. 旅游局局长朱某收受他人好处费80万元

C. 市场局局长杜某将20万元公款据为己有

D. 林业局局长拒不交代超过其合法收入200万元的来源

滥用职权审批减免污水处理费给国家造成损失，构成什么罪？

案例实录

王某经营着一家工程公司，企业效益很好，承揽了当地各类大小工程。去年，王某的公司出现了严重的资金问题，此时，他承包的一项工程需要缴纳一大笔污水处理费，这无疑是雪上加霜，很可能给他

---

① 解答：D。

的公司带来破产的威胁。于是，王某找到时任该市污水处理费征稽所所长的老同学吕某。吕某听到王某的实际困难，便擅自做主，象征性地收取了一点该工程的污水处理费，帮助王某公司度过了危机，却严重损害了国家利益。后来此事败露，那么，吕某的行为构成什么罪？

律师分析

吕某的行为构成滥用职权罪。《刑法》第三百九十七条规定，国家机关工作人员滥用职权给国家利益造成重大损失的，应承担相应的刑事责任。滥用职权表现在两方面：一是超越职权，即国家工作人员实施了其无权实施的行为，包括下级行使上级的职权，本部门行使其他部门的职权，上级越过下级直接代下级行使职权等；二是不正当行使法律职权，如未遵守法律程序，考虑不相关因素或不考虑应该考虑的因素。本案中，吕某的行为属于不正当行使法律职权，对于该工程的高额污水处理费任意减免，其行为给国家利益造成巨大损失，对吕某应该以滥用职权罪定罪处罚。

法条链接

《中华人民共和国刑法》

第三百九十七条第一款　国家机关工作人员滥用职权或者玩忽职守，致使公共财产、国家和人民利益遭受重大损失的，处三年以下有期徒刑或者拘役；情节特别严重的，处三年以上七年以下有期徒刑。本法另有规定的，依照规定。

温馨提示

国家机关工作人员行使职权应当有相关的法律依据，不能超越职权行使权力，也不能滥用权力，要严格履职尽责、不得懈怠，否则会触犯法律，亦将受到法律的惩治。

自测小题

选择：下列哪些行为构成滥用职权罪？（　）①

A. 某国企董事长在采购机械设备时，要求公司购买一批外国淘汰的产品，导致大量产品不合格

B. 某渔业资源局工作人员故意迟发燃油补贴，与银行人员勾结套取该款项利息

C. 某城管局执法队长在执行公务的过程中，对与自己有矛盾的人进行打击报复

D. 某住建局局长在经济适用房地块审批建盖三栋商品住宅房

国家机关工作人员在签订合同时因失职被骗，会犯什么罪？

案例实录

白某是某县园林局副局长，主管当地园林绿化工作。今年年初，该县为了创建国家级卫生城市，欲在市内多个公园重新进行绿化施工。由于工程量较大，多家园林绿化公司想接手此工程。某公司找到白某承诺自己资质强大、财力雄厚，且对白某十分殷勤，多次在高档酒店设局宴请，送给他不少礼物。白某被小恩小惠所蒙蔽，未经仔细审查就代表园林局与该公司签订了工程施工合同。园林局按照合同要求向该公司支付预付款30万元，不料，该公司收到预付款之后就卷款逃跑。由于白某工作失职给国家利益造成巨大的损失，那么，白某的行为构成什么罪？

律师分析

白某的行为构成国家机关工作人员签订、履行合同失职被骗罪。

① 解答：ABCD。

本罪侵犯了国家机关的利益，严重扰乱了国家机关的正常活动，由于工作人员对本职工作的严重不负责，导致国家利益遭受重大损失。对此，《刑法》第四百零六条规定，国家机关工作人员在签订、履行合同时，由于严重不负责任被诈骗，致使国家利益遭受重大损失的，处3年以下有期徒刑或者拘役；致使国家利益遭受特别重大损失的，处3年以上7年以下有期徒刑。本案中，白某因为贪图小恩小惠对工作严重不负责任，没有仔细审查公司资质，导致园林局被骗走30万元，构成国家机关工作人员签订、履行合同失职被骗罪。

法条链接

《中华人民共和国刑法》

第四百零六条　国家机关工作人员在签订、履行合同过程中，因严重不负责任被诈骗，致使国家利益遭受重大损失的，处三年以下有期徒刑或者拘役；致使国家利益遭受特别重大损失的，处三年以上七年以下有期徒刑。

温馨提示

对工作认真负责是每一名工作人员应当具备的基本素质，对于国家工作人员来说更是如此，因为国家工作人员所承担的责任更重，每一个细小的行为都关系到国家机关的形象和利益。因此，强化责任意识是对每一名公务人员的基本要求。

自测小题

选择：下列哪些行为构成国家机关工作人员签订、履行合同失职被骗罪？(　)①

---

① 解答：B。

A. 某国企高管在签订供货合同时失职，导致企业利益严重受损

B. 某文化局办公室主任在采购办公用品时没有严格审查对方资质，导致被骗走大量资金

C. 某农业农村局办公室主任在采购检测设备时，与设备公司勾结骗取单位财产

D. 某质监局领导在采购检测设备时，认真负责、仔细审查，但签订合同后对方卷款潜逃

对私分国有资产的行为应当如何定罪量刑？

案例实录

曹某是某县农业局局长，伙同单位会计李某在单位账外设立“小金库”，由李某亲自保管。去年，县农业局通过农业项目套取资金和收取业务单位回扣，总计300余万元，全部存入“小金库”中。今年，经曹某主持召开班子全体会研究决定，先后多次以多种名目向单位领导班子成员和普通职员发放奖金每人2000元至5000元，将其中150万元予以分配。那么，对曹某私分国有资产的行为应当如何定罪处罚？

律师分析

私分国有资产罪，严重损害了国有资产的管理制度及所有权，侵害了国家利益。本罪是一种单位犯罪，但是处罚对象是单位的主管责任人和相关责任人。私分国有资产不是某个人或者某几个人私分，而是集体私分，在单位内部具有普遍性和公开性。因此，《刑法》第三百九十六条规定，以单位名义将国有资产集体私分给个人，直接负责的主管人员和其他直接责任人员将被处以3年以下有期徒刑或者拘役，并处或者单处罚金；数额巨大的，处3年以上7年以下有期徒刑，

并处罚金。本案中，曹某作为农业局局长，是私分国有资产行为的主要负责人，其行为构成私分国有资产罪，应承担相应的法律责任。

法条链接

《中华人民共和国刑法》

第三百九十六条　国家机关、国有公司、企业、事业单位、人民团体，违反国家规定，以单位名义将国有资产集体私分给个人，数额较大的，对其直接负责的主管人员和其他直接责任人员，处三年以下有期徒刑或者拘役，并处或者单处罚金；数额巨大的，处三年以上七年以下有期徒刑，并处罚金。

司法机关、行政执法机关违反国家规定，将应当上缴国家的罚没财物，以单位名义集体私分给个人的，依照前款的规定处罚。

温馨提示

区分私分国有资产罪与共同贪污罪，我们可以从以下几点来把握：(1) 从主体和主观方面来看，私分国有资产的主体是单位，表现为一种群体犯罪意志，且具有非法将国有资产为单位牟利的目的；共同贪污的主体是国家工作人员，并且还可以是受国家机关、国有公司、企业、事业单位、人民团体委托管理、经营国有财产的人员，体现的是贪污人的个体犯罪意志，是为了个人中饱私囊，具有将公共财产非法据为己有的目的。(2) 从客观方面来看，私分国有资产表现为违反国家规定，以单位名义为单位成员牟利；共同贪污则表现为利用职务上的便利，以侵吞、窃取、骗取等手段，非法将公共财物占为己有。(3) 犯罪对象不同。私分国有资产罪的犯罪对象是国有资产，侵犯国有资产所有权；而贪污罪的犯罪对象是公共财物，其范围要大于国有资产。

自测小题

选择：下列哪些行为构成私分国有资产罪？（　）[1]

A. 某商务局局长私设“小金库”，将“小金库”中的钱分发给单位职员作为奖励

B. 某旅游局局长将相关单位给的回扣装进自己的腰包

C. 某民政局局长将扶贫专项资金挪作他用

D. 某教育局局长帮助他人择校，收受感谢款2万元

① 解答：A。

第九章

其他犯罪

冒充军人招摇撞骗的，构成犯罪吗？

案例实录

王女士自幼喜欢军人，长大后一心想找一位军官结婚。一天，王女士在某交友网站结识了张某。张某得知王女士喜欢军人后，便谎称自己是一名军官。几天后，张某让朋友帮忙找了一套军官制服，给自己拍摄了身着军装的照片，还用软件处理了自己参加与军队有关的社会活动的照片。张某虚构解放军军官身份，并利用此身份骗取王女士的信任，逐渐与其发展成“恋人”关系。一日，张某谎称弟弟生病，向王女士借2000元救急，王女士通过银行转账方式出借。后来，王女士要求张某还钱，但张某总是有各种托词拒还，王女士要求见面以便进一步发展关系，但张某总是搪塞不见。王女士起疑，通过张某提供的部队信息去有关部门进行查证，发现自己上当受骗。那么，张某构成犯罪吗？

律师分析

张某以谋取非法利益为目的，冒充军人招摇撞骗的行为，属于冒充军人招摇撞骗罪，构成刑事犯罪。这属于《刑法》第三百七十二条规定的冒充军人招摇撞骗的情形。冒充军人招摇撞骗罪与诈骗罪存在许多相同之处，两罪之间需要仔细分辨。两罪最主要的区别在于冒充军人招摇撞骗罪的手段仅限于冒充军人身份或职称进行诈骗，而诈骗罪的手段更加多样，并没有进行限制。本案中，张某利用军官制服照片，虚构参与军队活动，通过假冒军人身份，不仅骗了王女士的感情，而且骗取其2000元，构成冒充军人招摇撞骗罪。因为张某只向王女士骗取2000元，未达到诈骗罪的立案标准（至少3000元），所以只涉及冒充军人招摇撞骗罪。

法条链接

《中华人民共和国刑法》

第三百七十二条　冒充军人招摇撞骗的，处三年以下有期徒刑、拘役、管制或者剥夺政治权利；情节严重的，处三年以上十年以下有期徒刑。

温馨提示

冒充军人招摇撞骗罪所骗取的非法利益，不仅限于物质财富，还包括各种其他利益。

比如，为了骗取某种政治待遇或者荣誉称号，甚至是为了骗取“爱情”。我们在日常与他人交往中，要明辨真假，谨防上当受骗。

自测小题

选择：甲伪造军官身份，骗取很多社会优待和优惠，甲的行为应认定为（　）①。

A. 强奸罪

B. 招摇撞骗罪

C. 强奸罪与冒充军人招摇撞骗罪

D. 冒充军人招摇撞骗罪

① 解答：D。

给自己制作军官证来增加身份感，是犯罪吗？

案例实录

江某初中毕业进入社会，对现在这份快递员的工作并不满意。过年回家，亲朋好友纷纷询问江某的工作，江某谎称自己是现役军人，亲戚纷纷称赞江某年轻有为。对于亲戚们的称赞，江某满心欢喜。为了让自己的军人身份更具有说服力，江某上网查询军官证的图片，并根据相关材料为自己制作了军官证，在亲戚聚会期间向大众展示。不料，其中一个亲戚刚好是现役军人，看了江某的军官证后，当场戳穿了江某制作假军官证的事实。那么，江某的行为犯罪吗？

律师分析

军官证是国家机关为现役军官制作的身份证明，是现役军人的有效身份证件之一，具有专属性，仅限于现役军人持有。法律对军官证的制作主体、内容、格式都有严格的规范与限制，以保障军官证的规范性与可识别性。除此之外，法律还规定了违法制作军官证的法律责任：《治安管理处罚法》第五十二条规定，伪造国家机关证件应当根据情节进行拘留，并可处以一定数额的罚款。《最高人民法院、最高人民检察院关于办理妨害武装部队制式服装、车辆号牌管理秩序等刑事案件具体应用法律若干问题的解释》第一条规定，伪造武装部队军官证二本以上的，应当按照刑法第三百七十五条第一款的规定以伪造武装部队证件罪定罪处罚。本案中，江某只为自己伪造了一本军官证以便在亲友面前炫耀，满足虚荣心，并未实施进一步的招摇撞骗等行为，其行为性质较轻，没有造成严重的后果。江某只违反了《治安管理处罚法》的相关规定，并未违反《刑法》的相关规定。简而言之，江某的行为具有违法性，但不构成犯罪，会受到行政处罚，但不会受到刑事处罚。

法条链接

《中华人民共和国治安管理处罚法》

第五十二条　有下列行为之一的，处十日以上十五日以下拘留，可以并处一千元以下罚款；情节较轻的，处五日以上十日以下拘留，可以并处五百元以下罚款：

（一）伪造、变造或者买卖国家机关、人民团体、企业、事业单位或者其他组织的公文、证件、证明文件、印章的；

……

《最高人民法院、最高人民检察院关于办理妨害武装部队制式服装、车辆号牌管理秩序等刑事案件具体应用法律若干问题的解释》

第一条　伪造、变造、买卖或者盗窃、抢夺武装部队公文、证件、印章，具有下列情形之一的，应当依照刑法第三百七十五条第一款的规定，以伪造、变造、买卖武装部队公文、证件、印章罪或者盗窃、抢夺武装部队公文、证件、印章罪定罪处罚：

……

（二）伪造、变造、买卖或者盗窃、抢夺武装部队军官证、士兵证、车辆行驶证、车辆驾驶证或者其他证件二本以上的；

……

《中华人民共和国刑法》

第三百七十五条第一款　伪造、变造、买卖或者盗窃、抢夺武装部队公文、证件、印章的，处三年以下有期徒刑、拘役、管制或者剥夺政治权利；情节严重的，处三年以上十年以下有期徒刑。

温馨提示

违法行为与犯罪行为既有区别又有联系。首先，犯罪行为一定是违法行为，其违反了惩罚力度较高的《刑法》的相关规定。其次，违法行为不一定是犯罪行为。比如，伪造军官证的行为可能违反《治安管理处罚法》的相关规定，但因为其违法程度比较轻微，没有达到刑事犯罪的处罚标准，不能认定为犯罪行为。

自测小题

选择：下列哪些情形构成伪造武装部队证件罪？（　）①

A. 刘某为了在朋友面前吹嘘自己，为自己伪造多张军官证、士兵证

B. 钟某伪造了国务院秘书处主任的证件，利用假身份收取贿赂

C. 杨某伪造了海关工作人员证件，为自己的走私货物放行

D. 彭某平时喜欢在网上闲聊，他发现以军人身份和别人聊天会受到更多关注，便伪造多张军人证件博取更多的关注

不小心挖断国防电缆构成犯罪吗?

案例实录

2019 年 7 月，张某受刘某委托去某开发区警务站使用挖掘机平整地面。施工前，该开发区党支部书记告诉张某，由于院内地下铺有国防电缆，不能在院内挖坑。张某在平整完地面后，因院内有一些垃圾需要运走，张某想尽快完工，便擅自在警务站院内用挖掘机挖了一个正方形大坑，将垃圾埋在坑内。张某在挖坑时不慎将埋于地下的国防

① 解答：AD。

电缆挖断，导致军委机关重要通信业务中断，时长约3小时，造成经济损失约15万元，对部队的指挥通联造成重大影响。张某是否构成犯罪？

律师分析

张某构成过失损坏军事通信罪。《刑法》第三百六十九条对本罪作出了规定，行为人由于过失破坏军事通信，造成严重后果的，构成过失损坏军事通信罪。本案中，张某在操作挖掘机挖坑时，由于疏忽大意挖断了地下的国防电缆，给部队的指挥通联造成重大影响，张某的行为构成过失损坏军事通信罪。

法条链接

《中华人民共和国刑法》

第三百六十九条　破坏武器装备、军事设施、军事通信的，处三年以下有期徒刑、拘役或者管制；破坏重要武器装备、军事设施、军事通信的，处三年以上十年以下有期徒刑；情节特别严重的，处十年以上有期徒刑、无期徒刑或者死刑。

过失犯前款罪，造成严重后果的，处三年以下有期徒刑或者拘役；造成特别严重后果的，处三年以上七年以下有期徒刑。

战时犯前两款罪的，从重处罚。

温馨提示

“国无防不立，民无防不安。”国防是关系国家和民族生死存亡的根本大计，维护国防利益，是我们每个人义不容辞的责任。部队的通信工作十分重要，保障部队通信工作正常运转是维护国防利益的重要任务之一。在地面施工时，一定要保护好地下国防电缆，如果国防电缆被破坏，不仅会造成经济损失，还会影响部队的指挥通联。

自测小题

判断：由于过失，损坏武器装备、军事设施、军事通信，造成严重后果的，构成过失损坏武器装备、军事设施、军事通信罪。（ ）[1]

阻碍部队军人进行职务行为是否构成犯罪?

案例实录

2020年6月，某部队在某辖区组织军事演习，韩某系该部队士官，当晚在某饭店旁边的路口执勤。晚上9时整，韩某接到上级指令，部队车辆即将经过其执勤路口，需对某国道实施安全警戒，禁止车辆、人员在该路口通行。9时13分，严某驾驶一辆摩托车准备经过韩某执勤的路口，韩某按照上级要求拦下严某。严某欲通过，与韩某发生争执，并下车扼住韩某的喉咙，将其重重地推倒在地，之后驾驶摩托车离开现场。经鉴定，韩某的损伤程度为轻微伤。严某是否构成犯罪?

律师分析

严某构成阻碍军人执行职务罪。《刑法》第三百六十八条第一款对阻碍军人执行职务罪作出了规定，通过暴力、胁迫的方法、手段阻碍军人依法执行职务的，构成本罪。本案中，部队士兵韩某系军人身份，按照上级指令对该路口实施安全警戒，依法执行职务，禁止严某此刻在该路口通行，严某扼住韩某的喉咙，将其重重地推倒在地，造成轻微伤，以便通过韩某执勤的路口，系通过暴力方法阻碍军人依法执行职务，构成阻碍军人执行职务罪。

① 解答：正确。

法条链接

《中华人民共和国刑法》

第三百六十八条 以暴力、威胁方法阻碍军人依法执行职务的，处三年以下有期徒刑、拘役、管制或者罚金。

故意阻碍武装部队军事行动，造成严重后果的，处五年以下有期徒刑或者拘役。

温馨提示

阻碍军人执行职务罪是危害国防利益罪中的一个罪名，侵害的法益是国防利益。普通人在日常生活中要遵守法律法规，不要妨害公务，更不要妨害军人执行职务。军队保护人民，军事演习具有严肃性、纪律性，我们切不可为了自己一时方便，将国家安全抛诸脑后，而应遵纪守法，自觉维护公共秩序和国防利益。

自测小题

选择：以下关于阻碍军人执行职务罪、阻碍军事行动罪，说法正确的是（ ）①

A. 以暴力方法阻碍军人依法执行职务的，构成阻碍军人执行职务罪

B. 以胁迫方法阻碍军人依法执行职务的，构成阻碍军人执行职务罪

C. 故意阻碍武装部队军事行动的，构成阻碍军事行动罪

D. 故意阻碍武装部队军事行动，造成严重后果的，构成阻碍军事行动罪

① 解答：ABD。

图书在版编目（CIP）数据

犯罪与刑罚法律常识小全书：案例自测实用版／全民普法图书中心著．—北京：中国法制出版社，2021.5
（生活中的法律常识系列）
ISBN 978－7－5216－1574－6

Ⅰ.①犯… Ⅱ.①全… Ⅲ.①刑法－中国－通俗读物 Ⅳ.①D924－49

中国版本图书馆CIP数据核字（2021）第017729号

策划编辑：胡艺　　责任编辑：胡艺　周熔希　　封面设计：李宁

犯罪与刑罚法律常识小全书：案例自测实用版
FANZUI YU XINGFA FALÜ CHANGSHI XIAOQUANSHU：ANLI ZICE SHIYONGBAN

著者/全民普法图书中心
经销/新华书店
印刷/三河市国英印务有限公司
开本/880毫米×1230毫米　32开　　印张/6.75　字数/125千
版次/2021年5月第1版　　2021年5月第1次印刷

中国法制出版社出版
书号ISBN 978－7－5216－1574－6　　定价：29.80元

北京西单横二条2号
邮政编码100031　　传真：010－66031119
网址：http：//www.zgfzs.com　　**编辑部电话：010－66038703**
市场营销部电话：010－66033393　　**邮购部电话：010－66033288**

（如有印装质量问题，请与本社印务部联系调换。电话：010－66032926）